U0852390

高等学校应用创新型人才培养系列教材

金融学专业

商业银行模拟经营决策实验教程

主　编　**高峻峰**

高等教育出版社·北京

内容简介

本书是“商业银行模拟经营实验”的实验教程，需要结合“商业银行模拟经营沙盘软件”使用。本教材的宗旨是帮助学生在学习商业银行经营管理理论的基础上，通过实验课程训练，了解商业银行基本业务操作流程，掌握商业银行经营中的决策原则，巩固本门课程的基础知识，加深对商业银行经营管理理论的理解。

本教材包括十二章内容，包括实验介绍与规则解读，课前准备，宏观政策制定，商业银行吸收个人存款实验，商业银行对公贷款定价实验，商业银行对公信贷评估实验，商业银行消费信贷业务实验，商业银行对公存款业务实验，商业银行投资与理财实验，商业银行风险管控实验，监管机构对商业银行的评级及监管实验，绩效评估与评分。本书全面介绍了商业银行运营管理实验的步骤，为了帮助同学们更好地学习商业银行的相关理论知识，本书还吸纳了一些案例和案例分析。最后在附录中列示了房地产和商业银行的运营表格、各类协议文本的内容和格式、金融银行模拟经营实训指导书、常见操作问题与解答。

本书可作为高校本科、专科学生学习“商业银行经营与管理”课程的模拟实验课程用书。

图书在版编目（CIP）数据

商业银行模拟经营决策实验教程/高峻峰主编．—北京：高等教育出版社，2018.12
ISBN 978－7－04－050878－9

Ⅰ．①商…　Ⅱ．①高…　Ⅲ．①商业银行－计算机管理系统－高等学校－教材　Ⅳ．①F830.33②F830.49

中国版本图书馆CIP数据核字（2018）第244047号

商业银行模拟经营决策实验教程
Shangyeyinhang Monijingying Juece Shiyanjiaocheng

策划编辑　郭金录　　责任编辑　郭金录　　特约编辑　谢　丽　　封面设计　张　志
版式设计　于　婕　　插图绘制　于　博　　责任校对　刁丽丽　　责任印制　陈伟光

出版发行　高等教育出版社
社　　址　北京市西城区德外大街4号
邮政编码　100120
印　　刷　中青印刷厂
开　　本　787mm×1092mm　1/16
印　　张　11.75
字　　数　260千字
购书热线　010－58581118
咨询电话　400－810－0598

网　　址　http://www.hep.edu.cn
　　　　　http://www.hep.com.cn
网上订购　http://www.hepmall.com.cn
　　　　　http://www.hepmall.com
　　　　　http://www.hepmall.cn

版　　次　2018年12月第1版
印　　次　2018年12月第1次印刷
定　　价　29.80元

本书如有缺页、倒页、脱页等质量问题，请到所购图书销售部门联系调换
版权所有　侵权必究
物 料 号　50878－00

作者个人简介

高峻峰，博士，副教授，四川师范大学经济与管理学院教师，曾任西南财经大学天府学院经管中心主任，实验实训体系设计与实验课程开发负责人，长期负责经济金融与管理类实验实训教学与对外培训。曾在《中国软科学》《管理工程学报》《科研管理》《管理学报》《Journal of Service Science and Management》等国内顶级刊物和国外期刊发表论文十多篇，共同完成《管理学（英文版）》《企业经营实战模拟》《新兴技术共生演化》《经济学沙盘实训教程》《人力资源管理沙盘实训教程》《商业银行模拟经营实训》等教材与专著。《管理工程学报》匿名审稿人，历年被评为“优秀教师”“教学名师”“学员最受欢迎的讲师”，2007年国家级双语教学示范课程讲师。曾独立开发并讲授《商业银行模拟经营实战课程》《经济学模拟沙盘课程》《物流管理模拟沙盘课程》《IT/工程项目管理实战沙盘课程》《房地产开发与经营沙盘课程》《人力资源管理模拟沙盘课程》等，拥有多门实践沙盘课程发明专利、实用新型专利和版权。

作者个人简介

前 言

商业银行已从过去计划经济体制下的专业银行逐渐过渡到现在市场经济体制下的商业银行，追求利润最大化关系到商业银行的生存与发展。金融类学生毕业后有相当一部分进入商业银行从事信贷、中间业务等相关工作，但目前由于银行业的特殊性、保密性、安全性的特点，学生要进入银行内部实训的机会越来越少。在这种形势下，开设一套完整的可以模拟商业银行经营的实际运行环境的实训系统就具有重要性和迫切性，本课程与配套教材正是基于这种教学需求而推出的。

本教材专门用于高校本、专科学生学习“商业银行经营与管理”的模拟实验课程，是对“商业银行经营与管理”传统教材的补充。本教材针对银行后台决策模拟的实验，而非柜面操作业务实验，该实验更注重决策分析，实用性强，产生的印象深刻，受训效果明显。

本教材的创新之处在于：

1. 通过构建仿真的金融环境、按实际商业银行工作的操作规范和业务流程设置仿真的岗位，通过角色扮演、协同工作以及角色轮换让学生从大体上把握当商业银行面对不断变化的宏观经济环境时的经营之道，并系统了解银行相关岗位（特别是信贷岗、会计岗、风险控制岗）所需的技能，同时使学生在校期间就养成按商业银行业务流程和规定实施内部控制、防范风险的良好职业习惯。

2. 模拟经营决策仿真实验把抽象、复杂的银行商业经营管理理论以最直观的方式展现出来，让学生去体验和学习，枯燥的课程将会变得生动有趣。

3. 提高学生情景式决策分析的能力，开阔学生视野，扩大知识领域，改善学习环境，使学生通过实践提高适应商业银行工作的综合素质，深切感受金融理论对实践的指导意义，从而深刻领悟实践与理论相结合所带来的成就与意义，凸显了“与现实工作的零距离”。

由于作者能力有限，在编写时难免出现一些问题。希望读者给予批评和指正，及时将使用本书中遇到的问题和改进建议向作者反映。

作者

2018 年 7 月

目　录

1

实验介绍与规则解读

本章从商业银行模拟经营决策实验的设计理念、要达到的实验目标、实验的主要内容与教学进度、教学方式、商业银行模拟经营决策仿真系统功能简介五个方面介绍该实验的准备工作。

1.1 设计理念

商业银行模拟经营决策实验，是针对银行后台决策模拟的实验，而非柜面操作业务实验。该实验注重决策分析。例如，如何根据企业经营现状和宏观环境进行贷款定价、如何进行授信调查、如何做好风险控制与不良贷款预警等，完全不同于其他单据流转与填写的流程实验。

1.2 实验目标

一、养成良好的商业银行职业习惯

商业银行模拟经营决策实验课程，是通过构建仿真的金融环境、按实际商业银行工作的操作规范和业务流程设置仿真的岗位，通过角色扮演、协同工作以及角色轮换让学生从大体上把握当商业银行面对不断变化的宏观经济环境时的经营之道，并系统了解银行相关岗位（特别是信贷岗、会计岗、风险控制岗）所需的技能，同时使学生在校期间就养成按商业银行业务流程和规定实施内部控制、防范风险的良好职业习惯。

二、使学习内容生动有趣

商业银行管理课程主要是比较枯燥的理论，学生要将这些理论迅速掌握并应用到实际工作中比较难。而具有娱乐性的模拟经营决策仿真实验能够把抽象、复杂的银行商业经营管理理论以最直观的方式展现出来，让学生去体验和学习，枯燥的课程将会变得生动有趣，学生的学习兴趣和竞争热情被极为有效地激起，让他们拥有学习的动机——获胜！

三、提高学生情景式决策分析的能力

虚拟的环境中产生实际的业务,学生在运营中必须综合考虑每一个事件来使所有决策不会自我矛盾,影响后续银行发展。对于学生来讲,实际操作是自由的,因此分析判断以及决策这种统观全局的能力就显得尤为重要。譬如是否受理客户所提出的贷款申请?如果不受理,理由是什么?接受以后如何操作?通过实践中每一步操作的思考,不仅可以帮助学生加强其对银行相关业务的理解,还可以帮助其熟悉业务操作,提高操作熟练程度,更重要的是可以培养其自我管理和整体规划的能力。

四、凸显"与现实工作的零距离"

它开阔学生视野,扩大知识领域,改善学习环境,使学生通过实践提高适应商业银行工作的综合素质,深切感受金融理论对实践的指导意义,从而深刻领悟实践与理论相结合所带来的成就与意义,凸显了"与现实工作的零距离"。

五、提升学生综合能力

通过体验式实践演练和模拟,加强学生创造能力的培养,使学生具备在实践中发现问题、提炼问题,概括问题、解决问题的综合实力。

1.3 实验内容与教学进度计划

实训内容与项目涵盖五大单元,包括:

(1) 商业银行核心业务和绩效管理实训;

(2) 商业银行会计与报表业务;

(3) 银保监会对商业银行的评级和监管实训;

(4) 商业银行信贷业务实训;

(5) 商业银行风险管控实训。

具体教学进度计划安排可参考表 1-1。

表 1-1 教学进度表

节次	课内时间	课外时间
第一天 第 1~4 节	学习讨论经营规则,解读基础数据,认识、了解宏观经济要素构成,理解产品市场、资本市场和监管层的关系。各企业、银行、央行和银保监会设立岗位,团队建设,确定岗位分工,开始第一年试运营	阅读本书,讨论和学习规则,熟悉各种业务表单,做好正式经营前期准备工作
第一天 第 5~8 节	制定发展战略,编制年度经营计划,第一年的经营结束,企业和银行之间办理各项金融业务并完成各项报表	编制年度经营计划

续表

节次	课内时间	课外时间
第二天 第1~4节	各房地产企业编制资金预算表,各商业银行编制资金规划表,进行第二年的经营,双方办理各项金融业务往来,央行根据宏观经济运行情况进行调控	各公司和银行分部门讨论各种经营情况
第二天 第5~8节	各房地产企业和各商业银行进行第三年的经营,双方办理各项金融业务并进行资金往来清算,央行根据宏观经济运行情况进行调控,中国银行保险监督管理委员会(简称"银保监会")核查商业银行各项指标,并进行分级监管	总结企业经营风险,商业银行面临的经营风险
第三天 第1~4节	各房地产企业和各商业银行进行第四年的经营,央行采取了严厉调控措施,银保监会加强监管	商业银行总结不良贷款产生原因及预警措施
第三天 第5~8节	进行第五年经营,房地产经营状况开始好转,商业银行强化金融营销与投资理财服务	各金融机构、企业、央行、银保监会撰写总结报告
第四天 第1~8节	完成第六年经营,整理过程资料和成果资料;课程全面总结和评价;各金融机构全面总结与评价,团队、个人、教师分别评分,评定成绩,评优	整理装订过程资料与成果资料,归档,提交实验日记与实验报告,提交成果资料

1.4 教学方式与教学组织

1.4.1 教学方式

商业银行经营决策仿真实验,通过筹码推演、角色扮演和软件记录相结合来模拟商业银行之间、房地产企业之间的经营对抗,以及商业银行与企业的合作经营过程,营造真实经营的市场竞争环境,让学生体会商业银行经营场景,本课程集实战性、操作性、体验式于一体,让每位同学都有针对性的收获。

1.4.2 实验教学组织

在此实验中，房地产公司代表产品市场，商业银行（含投资银行功能）代表资本市场和货币市场，央行、银保监会代表监管层。本实验以房地产为例，选择房地产行业是因为该行业涉及的金融产品较多，有企业贷款、房产消费贷款、信托投资、委托贷款、企业存款等，企业贷款也有抵押、质押、担保、信用等多种形式，并且房地产企业资金量需求很大，对银行的依赖程度高。

在实验中，央行和银保监会组可以由老师扮演，也可以小组轮值；另外商业银行和房地产企业按照 1∶1 的比例分配（最好分别 4~6 家），由学生扮演。全班分成 9 支团队：4 支商业银行团队+4 支企业团队+1 支央行团队，每队 4~6 人。

（1）商业银行团队岗位设置：① 综合柜员岗位负责计账；② 会计主管负责报表、编制财务收支计划；③ 行长负责主持全面工作，合理调配人力、财务、设备等资源；④ 客户经理负责客户关系的建立与维护，完成银行产品和服务的销售指标；⑤ 信贷经理负责评级、授信、评审、合同签订、贷款发放支付及贷后管理工作。

（2）企业团队岗位设置：① 总经理负责制订公司年度经营计划，制订投资与融资方案；② 运营总监负责运营与记录；③ 财务总监负责报表；④ 市场总监负责公司开发项目营销策划及整合推广；⑤ 理财经理负责公司闲置资金理财。

商业银行通过向企业开展存贷业务、投资业务、中间业务获得利润。商业银行可以采用发行债券、同业拆借、向央行借款等方法管理流动性。商业银行在模拟经营中注意平衡盈利性、安全性、流动性。企业团队的主要任务是带领企业高效稳健地经营，规避经营风险与陷阱。

1.4.3 实验教学场地

实验教学场地的设置应如图 1-1 和图 1-2 所示。

图 1-1　实验室实景图

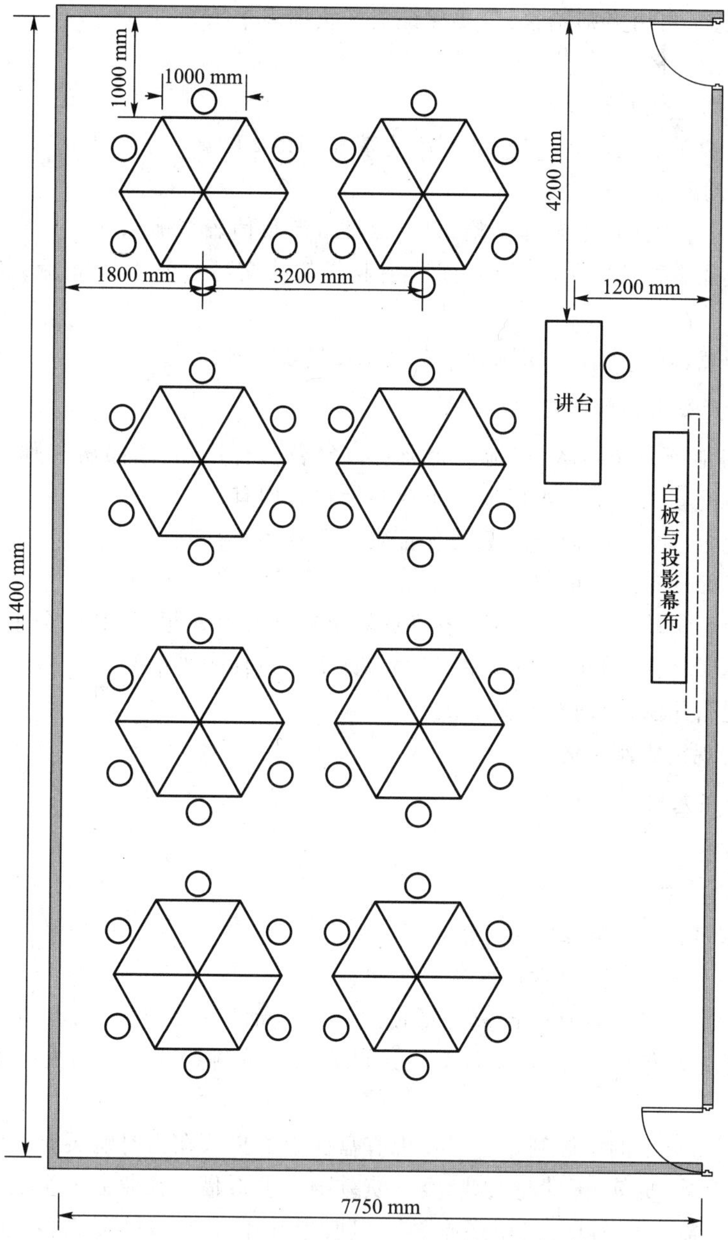

图 1-2 实验室设计图

1.5 基本规则解读

1.5.1 初始年状态

一、商业银行初始状态

4~6 支商业银行团队,每队接手的商业银行均有:

__亿元现金(可由老师调整,只要保证资产负债表平衡);

__年期国债__亿元;

__年期央票__亿元;

__年期消费者个人存款__亿元(利率为基准+1.5%);

存款准备金__亿元;

股东资本__亿元(可由老师调整,只要保证资产负债表平衡);

__年期企业贷款__亿元(A 银行该笔企业贷款的交易对象为 A 企业,其他银行依次类推);

有__个网点,有__个存款团队和__个贷款团队。

二、房地产公司初始状态

4~6 支房地产公司团队,房地产企业可以经营多种产品:商品房和别墅,限价房,城市基础设施与配套工程。每家房地产企业初始状态均有:

__万元现金(可由老师调整,只要保证资产负债表平衡);

价值__亿元的土地__亩;

__年期银行贷款__亿元(A 企业该笔贷款交易对象为 A 银行,其他企业依次类推);

股东资本__亿元(可由老师调整,只要保证资产负债表平衡);

有__个运营团队,目前资质为三级;

上一年实现销售额 4 亿元。

三、初始年基准利率水平

存款利率:__%。

贷款利率:__%。

存贷利率可在基准利率__~__倍范围内自行浮动。

存款准备金率:__%(存款存准备金无利息)。

再贷款利率:__%(商业银行资不抵债或出现流动性危机时可以申请,期限为一年。商业银行如果主动申请再贷款,累计 2 亿元再贷款总分将扣 3 分。但央行主动发起的再贷款不扣分)。

初始年存量央票的中标利率:__%(现有盘面上的央票在当时购买时的中标利率)。

须注意:存款、贷款、国债与央票、委托贷款与同业拆借均在业务发生当期先行支付本期利息,到期不需支付利息,仅偿还本金。但股票在下年计算投资收益(但最后一年除外,投资收益应记在当年)。

1.5.2 监管要求

(1) 存款自愿,取款自由:企业存款或提前支取,银行不得拒绝,但可自主定价。

(2) 房地产企业__%增值税。商业银行__%增值税,各项利息支出与中间业务费支出无法抵扣,仅国债利息收入和同业拆借利息收入免税。

(3) 房地产企业每年行政管理费为__万元,银行每年行政管理费为__万元。所得税均为__%。

（4）银行拍卖企业库存商品房和土地，企业无钱还贷拍卖土地，可以让其他企业一起参与竞拍，也可由银保监会以底价收购。如果该企业无抵押物，高利贷利率最高为__%。

（5）房地产企业总资产负债率不得超过__%（按贷款后年末总资产负债率计算），否则银行不得为其提供新增贷款（当年仍为该企业发放贷款的银行将被罚款________万元）。

（6）资产负债率超过__%时，企业可通过委托贷款、股权、应收款贴现等方式融资。资产负债率=期末负债总额／期末资产总额

（7）房地产和银行不得采取利益输送：各组之间的交易价格不得低于成本，不得高于以前年度最大值[如以前没有交易记录，按最高成本×__，如土地交易价格不超过（最高成本，最高成本×__）]；银行对公贷款利率+中间业务费率不超过（已有各项个人存款利率最大值，以前年度对公贷款最高挂牌）。

（8）每年年末，为刺激房地产企业多销售商品房和限价房改善人民生活条件，银保监会将给予（商品房+限价房销售量）最大和次大企业按（__%～__%）×（商品房+限价房）销售额奖励现金（此条由老师决定奖励比例）。

（9）以上各项违规，罚款____万元，各项罚款在当年支付。例如，在第二年提交报表后，发现资产负债率超标，罚款记在第二年。

（10）各银行存贷比可以高于__%，但存贷比超过__%得分将降低。存贷比=（企业贷款余额+消费贷款余额）/（个人存款余额+企业存款余额）

1.5.3 房地产企业运营规则

一、房地产公司订单获取的规则

房地产公司的订单取决于品牌效应和报价，各公司的广告费用竞标以百万为单位，商品房销售报价以____万元为一单位（每套商品房市场参考价____万元，最高限价为____万元）。别墅报价以____万元为一单位（每套别墅市场参考价__万元，最高限价为__万元）。规划设计越好，房屋卖价越高，规划设计费为房价的__%。

广告对房地产公司营销非常重要，如要销售，广告费最低为____万元。

品牌效应=本年广告费+上年销售额×____+上上年销售额×____。

品牌效应越高，订单越多；

报价越低，订单越多。

公司之间不可以联合竞标订单或转让订单，也不可以转让房屋。

公司第三年开始可以竞标城市基础设施与配套工程，条件是具有一级开发资质。开发商资质要求如表1-2所示。

表1-2 房地产企业开发资质表

	一级	二级	三级
资格	累计__年盈利，有____个运营团队，上年开发土地____亩	上一年盈利，有__个运营团队，上年开发土地____亩	有____个运营团队
经营范围	不限规模，可开发城市基础设施与配套工程	每年开发土地总规模为____亩	每年开发土地总规模为____亩

银保监会将以土地换项目的形式和应付款形式开展城市基础设施与配套工程,竞标标的是当年可以换取的土地亩数,采取拍卖制,各组报出换取土地数量,优先满足换取土地亩数最少的企业。基础设施与配套工程换取的土地按____万元/亩计入当年业务收入,该批土地成本也按____万元/亩计算。城市建设工程项目有两类,如下表1-3所示。老师每年可以根据竞争情况决定城市建设工程项目数量。

表1-3　市政工程项目

项目号	需要技术设计费	需要建安费	最多换取土地数	账期
A1	____亿元	____亿元	____亩	当年末土地到位
A2	____亿元	____亿元	____亩	当年末土地到位

二、房地产公司订单交付与消费信贷规则

所有订单年底交货。房地产公司可以选择捂盘不售,订单过多无法交付时,房地产公司将按未交付订单额的__%罚款,当年未交付的订单将全部作废。

如交货后还有商品房未售完,企业可以选择由银保监会作为限价房以市场参考价收购,但2年后才能收到(记2年应收款)。银保监会不收购别墅。

初始年消费者现金首付比例为__%,尾款由银行发放消费信贷,期限为__年,利率为当年贷款利率,采用等额本金偿还,从贷款当年开始还利息,本金由消费者次年开始偿还。为简化计算,每年按消费贷款余额的__%等额偿还。每年首付比例由央行规定,首付款比例每调低__%,总订单增长约__%,反之亦然。

当银行无现金为房地产企业发放消费信贷时,企业应计__年应收款,该应收款可以在以后年度办理消费贷款(此应收款为消费者购房欠款,不能贴现)。最后一年,只要商业银行有现金发放消费贷款,且利率不高于该房企往年办理消费贷款的利率,房地产企业必须全部办理。

房地产企业每亩地的基础景观投入为__万元,在此基础上每增加投入__万元,将在不增加其他成本的情况下,获得__%的销售溢价和__%的销量增长。每亩景观投入最多为400万元。

三、房地产公司的土地竞标规则

银保监会的底线是__万元/亩,各公司以__万元/亩为一个报价单位,为避免恶性竞争,最高限价为__万元/亩。企业购买土地总金额不得超过盘面现有资金,单价高者优先拿地,单价相同时,按交投标单顺序优先拿地。企业参与竞标后,不拿地,将按违规处罚。

企业之间可以联合投标土地,公司之间土地可以转让,价格自定。企业之间的交易可以应付款记账。企业拿地后,可自由选择建设别墅还是商品房。

为了获取最高收益,每一年银保监会会视房地产价格波动决定是否增加供地,老师可以修改每年供地计划。

流标的土地加入下一年继续竞标,上一年超供的土地也在下一年扣减。

四、房地产公司人员规则

房地产公司销售收入每__亿元(不含限价房销售收入)需要__个运营团队,每个运营团队招募费用为__百万元，年工资奖金为__千万元（从招聘当年开始发工资奖金），所有业务需提前一年配备好团队，否则只能按现有团队最大业务量减少别墅/商品房订单（系统优先减少商品房订单，再减少别墅订单）。团队辞退当年仍需支付工资奖金。

五、房地产企业第一年任务清单

（1）向对应银行贷款一年期____亿元，支付额度占用费____%计____万元，财务评审费200万元，按贷款余额共____亿元____%支付利息____万元（向上取整为____万元）；

（2）本年不竞标土地；

（3）投入____亩土地修建商品房，____亩土地修建别墅；

（4）填写竞标单，商品房报价____万元/套；别墅报价____万元/套；广告费____万元，商品房景观报价____万元/亩，别墅景观报价____万元/亩；

（5）交付商品房____套，别墅交付____套；

（6）向对应银行申请住房消费贷款____万元，并缴纳额度占用费____%（取整____万元）；

（7）向对应银行办理存款____亿元，期限为____年，获得利息____万元，约定提前支取违约金________万元；

（8）支付管理费____万元。

特别提醒：第二年房企资质为2级，只能修____亩土地。但可以多囤积土地。同时，如果第三年想扩大规模，应在第二年提前招聘企业运营团队。

1.5.4 商业银行运营规则

一、商业银行个人存款竞标规则

个人存款的分配由各银行进行营销费用竞标，营销费用越高，获得的个人存款越多。营销费用最小单位为百万元。各家银行每年最低营销费用为____万元。

同时，上年存款总额、网点和贷款总额越多，下一年的个人存款最大额度将越多。央行组每年按系统生成的个人存款总额随机抓取不同年限的个人存款筹码，得分高者优先选择存款。

商业银行之间不可以联合竞标个人存款，但可以同业拆借形式进行资金往来。

商业银行每年初需支付全部个人存款的利息（含本年新增个人存款）。

二、商业银行网点规则

商业银行每年个人存款和企业存款每新增____亿元需要1个存款团队办理，每年企业贷款与消费贷款每新增__亿元需要1个贷款团队办理。每个存款或贷款团队招募费用为__百万元，年工资奖金为____百万元（从招聘当年开始发工资奖金），所有业务需提前一年配备好存款和贷款团队，否则只能按现有团队最大业务量办理业务。团队辞退当年仍需支付工资奖金。

每个网点能够容纳____个存款团队和____个贷款团队。每个网点新建费用为____百万元，每年运营费为____百万元（从建设当年支付运营费）。网点撤销当年仍需支付运营费。招募团队前必须先建网点，但建好网点后可以不招募团队。

三、中间业务

中间业务内容与收费如表 1-4 所示。

表 1-4 中间业务内容与收费

类别	收费内容与标准
结算及代理费	企业之间的委托贷款必须通过银行进行,银行可收取代理费,金额自定
额度占用费	由于商业银行额度有限,房地产企业为了及时拿到贷款,银行可以要求其支付一定额度占用费(承诺费),金额自定
财务评审费	每笔对公贷款每年按一定金额的百分比收取财务评审费,比例自定(用于商业银行每年要做的贷款评审。消费贷款没有财务评审费。)

四、商业银行第一年任务清单

(1) 填写存款竞标表,支付营销费用____万元,获得个人存款____亿元(其中__千万元面值____年期共____亿元,____千万元面值____年期共____亿元),并按照约定利率支付个人存款利息共计____万元(含初始状态已有个人存款____亿元的利息);

(2) 向对应公司发放贷款____亿元,连同原有____千万元贷款,共收到利息____,同时收取____%额度占用费____万元,和财务评审费____万元。

(3) 收到____亿元央票按____%计算的利息____万元。

(4) 办理新的消费贷款____万元,并收到额度占用费____%(取整____万元);

(5) 收到对应企业存款____亿元,期限为____年,支付利息__万元;约定提前支取违约金____万元;

(6) 收到国债____亿元按____%计算的利息____万元;

(7) 支付管理费____万元。

特别提醒:如果第三年想扩大规模,应在第二年提前招聘存款团队或贷款团队。

2

课前准备

2.1 课前准备事项

1. 老师应提前一周将规则交由学生打印，并布置学生详细研读规则；

2. 学生应熟悉商业银行资本金充足率、核心资本充足率、存贷比、不良贷款率、拨备覆盖率、资产收益率和资本收益率等指标的计算；

3. 学生应熟悉企业经营性现金流量、流动比率、速动比率、销售利润率、总资产利润率、净资产利润率、总资产负债率、净资产负债率的计算；

4. 加密 U 盘的具体操作。

加密 U 盘共有 2 个文件夹： 文件1 和  文件2。“文件 1”放置了电子分析工具，供本课程所有班级的上课操作；“文件 2”放置了本课程的所有授课资料（包括授课 PPT、各种学生文件等）。

（1）为了保护知识产权，“文件 1”中的所有文件均禁止向外复制、粘贴、导出、另存为，仅允许向内复制、粘贴、修改；“文件 2”中的所有文件允许向外打印、修改、复制。

（2）加密文件夹的用户名请选择“老师”。请老师和学员切勿随意删除 U 盘内的文件。

（3）上课前，老师可以将“文件 2”中的“学员打印的规则”文件夹拷给学员打印，以备上课使用。

（4）上课开始时，老师应将“文件 2”中的“学生文件”文件夹放在桌面上，设为共享（共享设置的相关操作请查阅“FTPserver 使用操作步骤.DOC”），由各组找到对应 Excel 文件，拷到本地计算机，在离线状态下填写。请注意：学生不得修改该 EXL 文件名，否则系统将无法读取。

（5）每一年运营结束时，学员填写完 Excel 操作后，在共享状态下，可以存回老师的桌面共享文件夹（也可以让学生拷回到桌面共享文件夹中），然后老师把该共享文件夹中的所有 Excel 文件导入加密 U 盘中的“文件 1”相应班级中，替换相应的 Excel 文件,系统将根据这些文件生成其他报表数据。请注意:此时被替换的 Excel 文件应先关闭。

(6) 请注意讲解,所有 Excel 文件只填写绿色背景的单元格,所有黄色背景和无色背景单元格都不用填写。

(7) 在 Office 2003 中,如果打开 Excel 文件时,如图 2-1 所示,请选择“更新”。

图 2-1　更新链接窗口

为了不在每次打开各功能模拟时显示如图 2-1 的提示,请打开 Excel 2003 文件,点击“工具”—“选项”—“编辑”,把“请求自动更新链接”的勾选去掉,如图 2-2 所示。

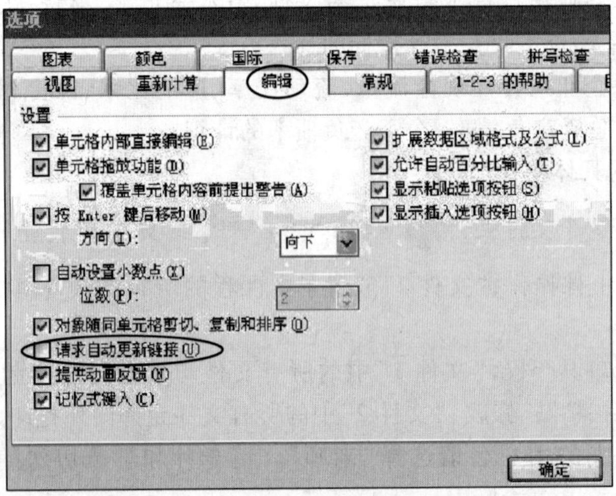

图 2-2　取消请求自动更新界面

在 Office 2007 中,取消自动更新安全链接提示的操作:如图 2-3 所示,在“Microsoft Office 安全选项”对话框中,单击“打开信任中心”,如图 2-4 所示。

在弹出的“信任中心”对话框中,选择“启用所有工作簿链接的自动更新(不建议使用)”,如图 2-4 所示。

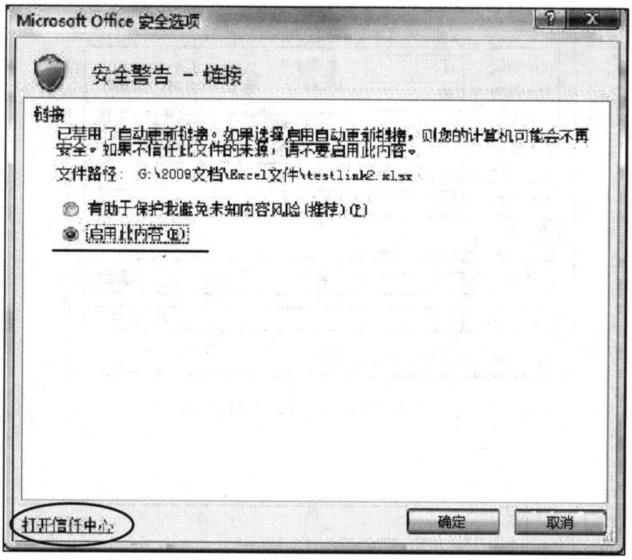

图 2-3 安全选项界面

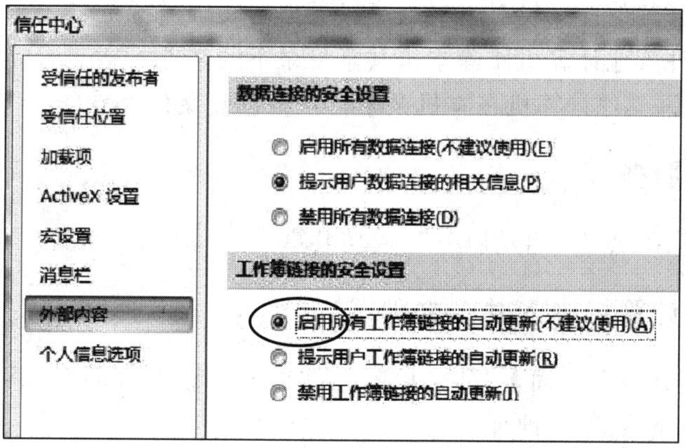

图 2-4 信任中心界面

2.2 FTPserver 共享工具使用操作步骤

2.2.1 共享工具的使用

点开分享工具,工具界面分为共享目录设定选项,账户权限设定选项,共享启动项目,如图 2-5 所示。

2.2.2 访问目录

在图 2-5 中,点击“访问目录”,选择需要共享的文件位置。

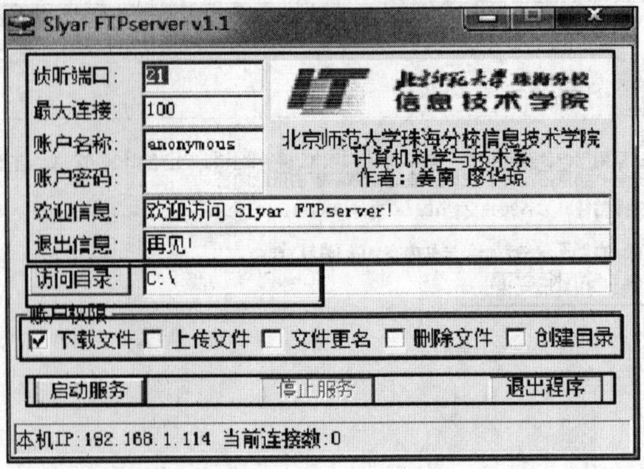

图 2-5 FTPserver 工具界面

2.2.3 设置账户权限

下载文件,允许局域网其他计算机在本机下载共享目录下的文件。

上传文件,允许其他计算机将文件上传到本机的共享目录里。

文件更名,允许其他计算机对本机共享目录下的文件进行更名。

删除文件,允许其他计算机删除本机共享目录下的文件。

创建目录,允许其他计算机在本机共享目录下创建文件夹。

2.2.4 启动服务

按图 2-5 中所示,点击“启动服务”,成功共享。

2.2.5 其他计算机进入共享文件

其他计算机打开各自桌面上“我的电脑”,在地址栏输入“ftp://+共享文件所在 IP”,即共享软件界面最下方的 IP 地址。

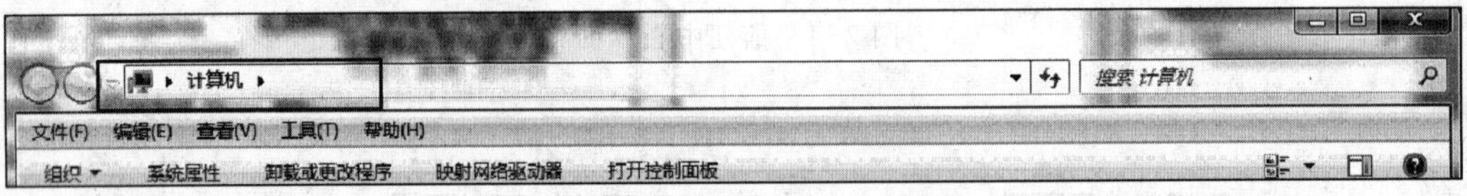

图 2-6 “我的电脑”界面

例如,根据图 2-6,如果要进入共享文件夹,需要在“计算机”地址栏输入 ftp://192.168.1.114。就可以进入共享文件夹,进行相关的操作了。

2.2.6 注意事项

(1) 只有勾选了相关权限才可以进行该类权限下的操作。

(2) 上传文件时,如果共享文件夹中有同名文件,必须要同时勾选删除文件权限,才能上传并覆盖原文件。个别情况下,如果学生上传决策表格无法直接覆盖共享端文件,还可以在共享端手动删除重名文件,其他计算机再将文件上传到共享端。为防止误删文件,不建议勾选此选项。

(3) 一台计算机不能同时开启两个共享,否则会造成软件错误。

2.2.7 学员注意事项

(1) 要将自己公司的决策表拖到 U 盘里,不要保存到学校的计算机上,避免因为学校的计算机还原程序将决策表删除。

(2) 不要直接将决策表在共享文件中打开,需要从自己的 U 盘里打开文件。

(3) 使用微软 Office 系列软件打开,不要使用金山 WPS 软件。

(4) 决策表保存为 Office 2003 版本。

2.3 教师端操作

老师操作如表 2-1 所示:

表 2-1 老师及央行团队每一年组织操作的步骤

序号	学生步骤	老师步骤
1	学生通过 FTP 或 U 盘把各公司操作文件拷到本地计算机	把装有电子分析工具的加密 U 盘在教师机上导出“学生文件”文件夹,或将此文件夹在 FTP 上设为共享,引导学生找到各公司操作文件; 打开电子分析工具——商业银行模拟经营实验分析工具 111004.xls,点击“教学管理”按钮,录入各组信息。(此步骤仅限于初始年) 回到分析工具主界面,点击“各组初始现金/股本”,引导各组布置初始盘面。(此步骤仅限于初始年) 按教材第 9~10 页确定房地产企业和银行初始状态的交易关系,填写各类协议文本(格式请见本书附录 3)
2	学员进入各公司或银行操作文件的“现金管理模块”,清空盘面各项费用筹码,按步骤操作	清空盘面企业栏筹码,填写教材中清收到期个人存款与全部利息,清收到期再贷款与再贴现,兑付到期国债与央票; 老师在电子分析工具主控台主界面,点击“沙盘操作运营”,进入“不良贷款与风险计提”,让各银行填写各企业贷款余额,系统自动得出各银行应计提的准备金,填写并检查商业银行不良贷款计提情况。(此步骤初始年不做) 返回到“沙盘操作运营”界面,点击“央行宏观政策调控”,宣布本年度宏观调控的货币政策和房地产企业奖励政策。 返回到“沙盘操作运营”界面,点击“三大理财产品收益”,宣布三大理财产品收益率,并分配投资收益。(此步骤从第三期开始) 检查银行和企业是否按发行股票承诺的利润比例分配股利

续表

序号	学生步骤	老师步骤
3	各银行组填写竞标单，依次进入操作文件的“存贷业务”“投融资业务”“管理流动性”“中间业务及其他”，按步骤操作	返回到“沙盘操作运营”界面，点击“个人存款竞标”，组织各银行填写竞标单，检查个人存款团队数量，待各组已付营销费用后再发放个人存款
4	各企业组填写竞标单，依次进入各公司操作文件的“贷款与土地竞标”“投融资业务”“销售竞标与施工交付”“外部经营业务”，按步骤操作	返回到“沙盘操作运营”界面，点击“土地竞标与景观投入”，组织各企业填写竞标单，录入土地单价、竞标数量、每亩景观投入，填写教材中的表格检查土地款是否已付，按系统分配发放土地。 检查银行存贷比，并宣布存贷比超标银行；记录各银行存贷款与委托理财金额，填写教材核查各团队是否未达到运营能力； 返回到“沙盘操作运营”界面，点击“订单竞标”，组织各企业填写竞标单，录入系统。填写教材并检查房企广告费是否已交，运营能力是否不足； 老师在电子分析工具主控台主界面，点击“交货数据录入”，组织各公司按订单收货，付款。 央行组的消费者代表签字确定各组消费贷款是否转为应收款，并登记在教材中
5	每运营完一年后，各组把EXL操作文件拷回到加密U盘相应班级，完成老师曾经布置的作业，并准备撰写实验报告	发放企业交货奖励和其他奖励资金； 每运营完一年后，待所有银行和企业的报表文件拷到加密U盘相应班级后，返回电子分析工具主界面，点击“绩效评估与分析”，对比各企业运营绩效。 在教材中记录未按时完成运营业务的小组扣分
6	学生进入各公司操作文件的“利润查询”和“资产负债表查询”，检查本年度利润目标是否实现	在电子分析工具主界面，依次点击“商业银行评级评分”“房企团队评级评分”“各团队评分”“团队成员评分”，记录各组及成员成绩。（注：每年各企业与各银行的抢答次数也记录在此） 分享相应主题，并布置学生作业

备注：在老师操作步骤中，各步骤可连续进行，不必等待学生完成相应操作。

上课开始时，老师点击“商业银行实验分析工具”中相应班级的“商业银行模拟经营实验分析工具111004.xls”，通过左上角返回按钮，看到如图2-7所示的主界面。

2.3.1 教学管理

点击图2-7的“教学管理”按钮，能够进行学员团队的基本管理，包括组长信息，班级信息，小组人数等，如图2-8所示（通过左上角返回按钮，可回到主界面，点击序号下的蓝色字可以连接到各组的成员及评分）。

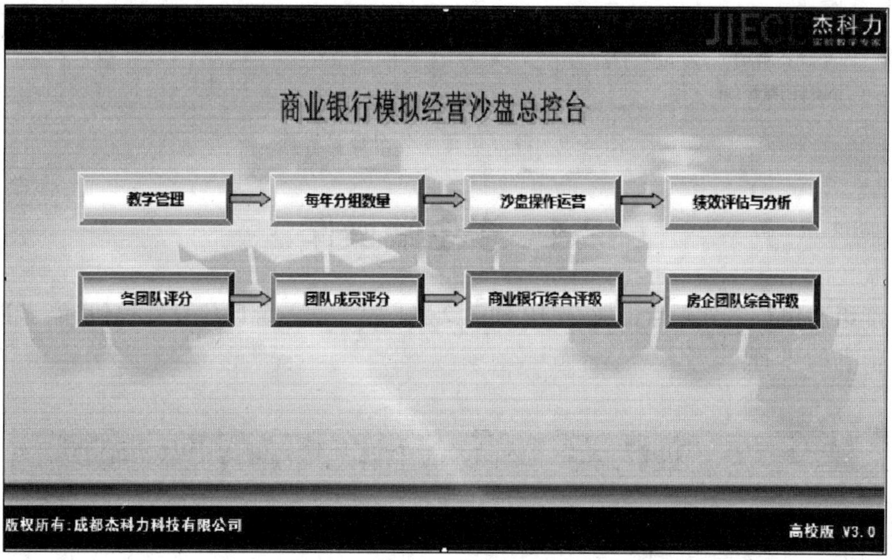

图 2-7　商业银行模拟经营实验分析工具主界面

		教学管理表格					
	序号	组长姓名	组长学号	组长电话	所在组名称	所在班级	小组人数
团队组长	银行A						
	银行B						
	银行C						
	银行D						
	银行E						
	银行F						
	企业A						
	企业B						
	企业C						
	企业D						
	企业E						
	企业F						
央行/银	央行/银监会						

图 2-8　教学管理界面

2.3.2　每年分组数量

点击图 2-7 所示的“每年分组数量”按钮,能够进入分组数量的界面,如图 2-9 所示。房地产公司和商业银行的数量第一年需要手动填入,以后每年会自动生成,与第一年一致。

各公司每年分组数量						
	第一年初始状态	第二年	第三年	第四年	第五年	第六年
房地产公司数量（家）	4	4	4	4	4	4
商业银行数量（家）	4	4	4	4	4	4

图 2-9　各公司每年分组数量界面

2.4　学生端操作

房产组和银行组分别点击图 2-10 和图 2-11 的“录入组员信息”按钮,能够进入录入组员信息的界面。

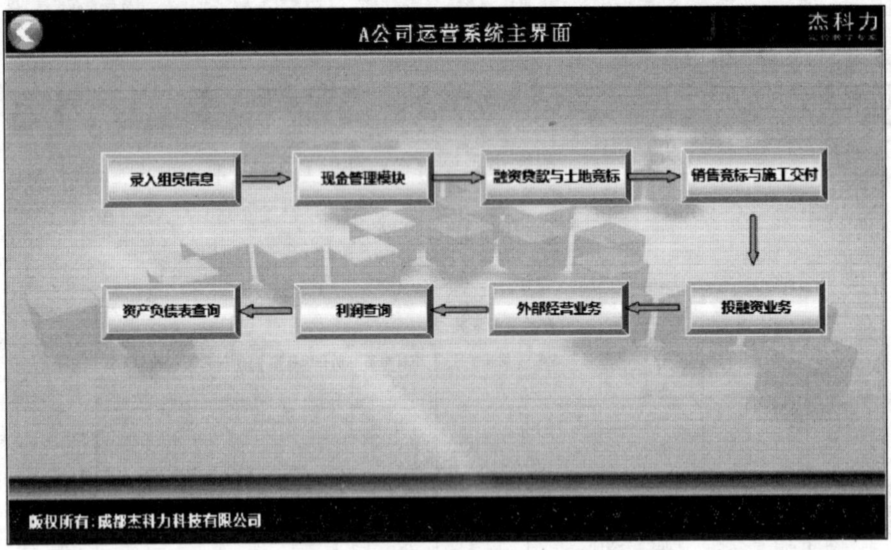

图 2-10　房地产公司运营主界面

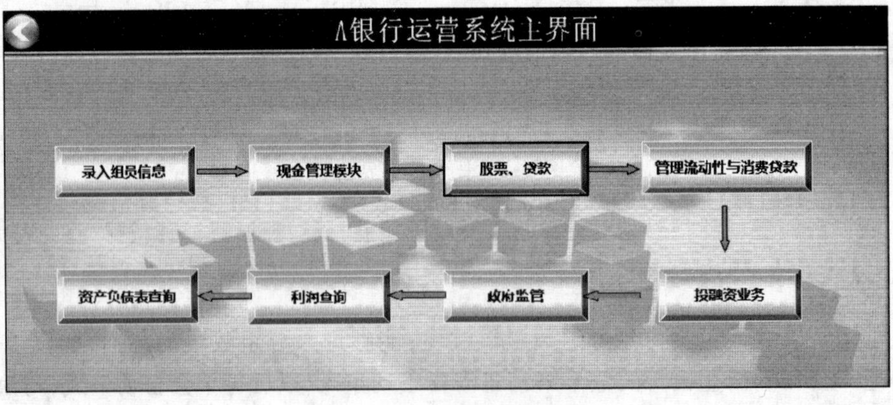

图 2-11　银行运营主界面

在图 2-12 所示界面录入本组成员学号、成员姓名、岗位分工、组长电话、所在组名称、所在班级、小组人数等信息。

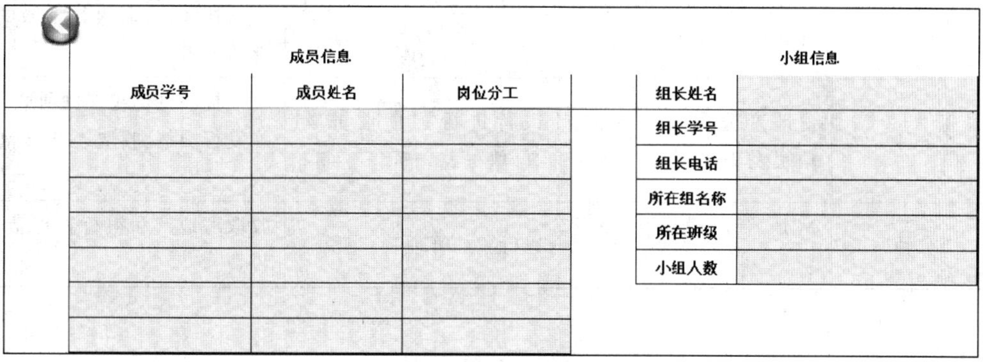

图 2-12　录入组员信息界面

表 2-2　商业银行和房地产运营顺序

建议操作时间	房地产公司	商业银行	央行
15 分钟	根据本年度土地整理预估贷款需求，填写表 5-2	偿还到期个人存款，填写表，个人存款竞标单（表 4-1）	宣布宏观政策；准备好个人存款筹码，收取银行组个人存款竞标单（表 4-1）
3 分钟	房地产公司办理上年未受理的消费贷款	银行办理上年未受理的消费贷款	按先后顺序发放个人存款，收取各银行个人存款利息
2 分钟	房地产公司提前支取存款，支付违约金	银行偿还房地产公司存款，并收取违约金	提醒房地产公司对比存款收益与贷款成本孰大
20 分钟	房地产公司办理对公贷款，签订贷款协议	银行挂牌对公贷款，填写表 5-1	收取银行对公贷款公告单（表 5-1）和房地产公司贷款申请表（表 5-3）
3 分钟	房地产公司竞标土地，填写表 6-1	银行办理央票业务，收到央票利息	收取房地产表（表 6-1），组织土地竞标
10 分钟	房地产公司修建商品房和别墅，填写订单（表 6-4）竞标，支付景观费。房地产公司可发行股票	银行发行股票，填写表 9-5	收取房地产和银行股票发行表；收取房地产订单（表 6-4），组织房地产公司交货，发放首付款
10 分钟	房地产公司受托进行消费贷款	银行挂牌消费贷款（表 7-1），领取消费贷款利息	收取银行表（表 7-1），消费贷款挂牌，发放银行消费贷款利息
5 分钟	房地产公司交景观费和工资	银行交网点费与团队工资	收缴各费用，提醒下一年团队可能不够

续表

建议操作时间	房地产公司	商业银行	央行
1分钟	房地产公司办理对公存款	银行接受对公存款，填写表 8-2	收取银行表（表 8-2），对公存款挂牌，收取银行上缴的存款准备金
5分钟	房地产公司购买国债，填写表 9-3	银行进行国债业务购买，填写表 9-7	国债提前兑付或支付利息 如发行国债，收取表 9-3 和表 9-7
1分钟	房地产公司缴纳管理费、交税	银行缴纳管理费、交税	收取房地产和银行管理费、税费

3 宏观政策制定

3.1 实验要求

- ◆ 能够判断货币市场的流动性；
- ◆ 能够理解流动性对金融市场的影响；
- ◆ 能够掌握央行干预流动性的工具。

3.2 实验步骤

一、教师端

教师端的主界面见图 3-1。

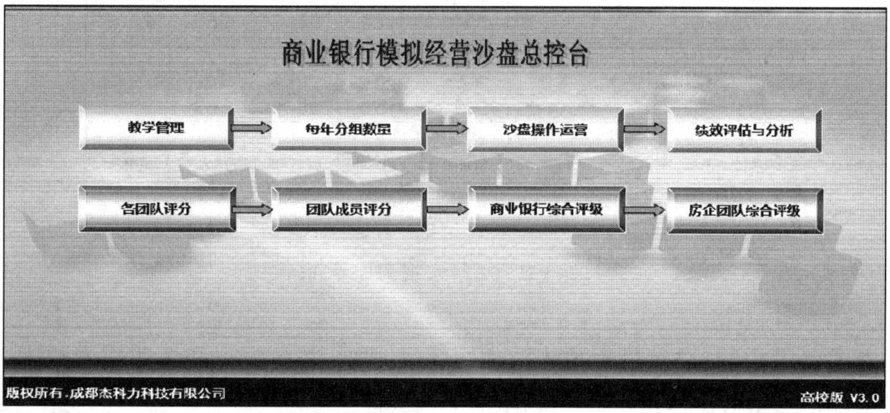

图 3-1 商业银行模拟经营实验总控台操作界面

点击图 3-1 中的“沙盘操作运营”，会出现图 3-2 的实验操作界面。

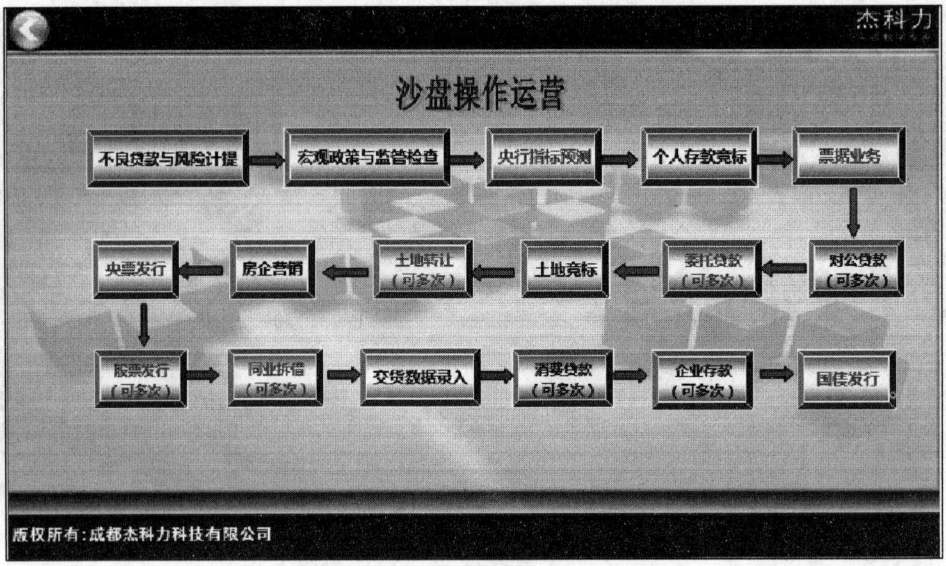

图 3-2　沙盘操作运营

点击图 3-2 中的“宏观政策与监管检查”，如图 3-3 所示，宣布本年宏观政策。注意：从第三年开始，系统会智能给出建议值，由老师或央行组决定是否调整建议值（该软件中，所有绿色背景单元格均可修改，所有白色背景单元格均不可修改，下同）。

	宏观政策与外部环境					
	第一年	第二年	第三年	第四年	第五年	第六年
存款利率	2.0%	2.0%	#DIV/0!	#DIV/0!	#DIV/0!	#DIV/0!
贷款利率	8.0%	8.0%	#DIV/0!	#DIV/0!	#DIV/0!	#DIV/0!
再贷款率	5.0%	5.0%	#DIV/0!	#DIV/0!	#DIV/0!	#DIV/0!
存款准备金率	15.0%	15.0%	#DIV/0!	#DIV/0!	#DIV/0!	#DIV/0!
央票发行规模(万)	0	0	0	#DIV/0!	#DIV/0!	#DIV/0!
国债发行规模(万)						
商品房和别墅调整后首付比例	30.0%	30.0%	#DIV/0!	#DIV/0!	#DIV/0!	#DIV/0!
本年预计供地规模（亩）	0	120	#DIV/0!	#DIV/0!	#DIV/0!	#DIV/0!
外部票据贴现（万元）	0	0	0	0	0	0
预计新增个人存款（万元）	160000	341000	#DIV/0!	#DIV/0!	#DIV/0!	#DIV/0!
房地产公司增值税率	11%	11%	11%	11%	11%	11%
城建工程订单（个/类）				1	1	

图 3-3　央行宏观调控界面

点击图 3-2 中的“央行指标预测”，如图 3-4 所示，将各银行和企业提交的表 3-1 中的信息录入框起来的单元格中。

二、学生端

依据当年宏观政策与外部环境以及上年房价、市场流动性竞猜本年房价涨幅与流动性，填写表 3-1，交给老师。

第一年央行组业绩			年末各组现金之和（万）		202800	房企交货（万）		122700	房价涨幅	0.0%	流动性	1.65
第二年央行业绩目标与预测			年末各组现金之和（万）		232300	房企交货（万）		153200	房价涨幅	-11.8%	流动性	1.52
	银行A	银行B	银行C	银行D	银行E	银行F	企业A	企业B	企业C	企业D	企业E	企业F
平均价格涨幅房价涨幅	2.00%	-3.00%	1.00%				-10.00%	7.00%	12.00%			
市场流动性	1.4	1	1.2				1.3	0.7	2.1			
期末现金余额（万）	55100	44200	44200	请填管理费	请填管理费	请填管理费	9300	41200	38300	请付管理费	请付管理费	请付管理费
房价涨幅预测得分	0	0	0				10	0	0			
市场流动性预测得分	9.8368	5.8368	7.8368				8.83681	2.83681	5.16319			
指标总得分	9.8368	5.8368	7.8368	0	0	0	18.8368	2.83681	5.16319	0	0	0

图 3-4　央行业绩目标与预测

表 3-1　____竞猜房价涨幅与流动性

	第一年	第二年	第三年	第四年	第五年	第六年
房价涨幅(%)						
市场流动性						

3.3　此步骤运用的知识点

3.3.1　如何判断流动性

现实中我们通常参照费雪公式(3.1)判断流动性：

$$MV=PY \tag{3.1}$$

注：M 是流通中的货币(侧重于商品交易对货币的需求，表示的是交易过程中货币的流通量)，V 是货币流通速度，MV 是实际支付的货币；P 是价格水平，Y 是总产出，PY 是名义总产出。

一、理论上流动性过剩的测量方法。

目前提出的几种关于流动性过剩的测量方法都建立在货币数量方程的基础上。这些方法包括：价格差额法、货币差额法、货币悬挂法、货币与 GDP 的比率法、信贷与 GDP 的比率法、债券息差法等。

价格差额法(the Price Gap)是指用短期名义价格变化率与长期均衡价格变化率之间的差额来衡量流动性过剩程度，如果前者高于后者，就存在着流动性过剩。依据价格差额法的理论，通货膨胀仅仅是一种货币现象，即流动性过剩将会被价格水平(尤其是消费者物价指数)的上涨所吸收。

货币差额法(the Money Gap)是指用实际货币存量水平与均衡货币存量水平之间的差额来衡量流动性过剩程度，如果前者高于后者，就存在着流动性过剩。有多种方法来定义均衡货币存量水平，如欧洲中央银行就将其定义为与价格稳定相一致的货币存量水平。

但是,在这种方法下,对均衡货币存量水平的定义需要主观选择一个基期,并且需要对潜在产出水平、货币流通速度等进行严格假设。而这样的基期选择和假设是比较武断的。

货币悬挂法(the Money Overhang)是对货币差额法的一种改进。在这种方法下,均衡货币存量水平不是由货币数量方程式决定的,而是以一个货币需求模型推出的长期关系为基础。这种定义避免了选择基期,以及对潜在产出水平和货币流通速度进行假设等问题,但是却产生了新的问题,如建模选择及估计的准确程度等。

货币与 GDP 的比率法,相对于货币差额法的优势是在不必选择基期的前提下仍然能够定义流动性过剩。信贷与 GDP 的比率法是货币与 GDP 比率法的另一面。如果以上两个比率高于自身的趋势值,那么就存在着流动性过剩。

债券息差法(Bond Spread)是以信用评级为基础的。该方法的主要逻辑是,流动性过剩将会降低投资者的风险规避程度,从而银保监会债券与私人部门债券之间的收益率差距可以用来衡量流动性过剩程度。如果两者之间的息差较低,这就意味着存在一定程度的流动性过剩。

二、本实验计算流动性过剩的方法

本实验采用货币差额法计算流动性过剩的程度。

实验中用本年剩余资金总额表示商品交易对货币的需求 M,实验货币流通的次数为 1;并用房企的交货价格和房企的交货数量分别表示 P 和 Y。$MV>PY$,流动性过剩;$MV<PY$,流动性偏紧;$MV=PY$,流动性适中。本实验中:

$$\text{流动性指数}=\frac{\text{本年 } MV}{\text{本年 } PY}=\frac{(\text{本年现金}+\text{存款})\times\text{流通次数}}{\text{本年所有商品销售额}} \tag{3.2}$$

由于该实验中,每年只生产一次,销售一次,因此,上式中,流通次数等于 1。本年所有商品销售额即为商品房与别墅销售额。

上式(3.2)的含义是:央行的目的是要保证本年运行结束后,M1 总量能够支撑本年所有商品的交易。其中:本年现金+存款=本年末所有企业组与银行组盘面现金与存款。如果在年初要估算年底的本年现金+存款,可以通过本年资金总供给-本年资金总需求获得此数据。

资金总需求是指所有小组支付出去的现金。包括土地开发款项、国债发行量、央票发行量、外部票据贴现、到期个人存款、新增存款准备金、个人存款利息、景观费、团队工资、管理费、税金和罚款。

资金总供给是指所有小组收到的现金。包括各银行现有资金、企业现有资金、新增个人存款、房产首付款、到期央票及利息、到期国债及利息、到期票据及利息、到期房产消费贷款及利息。

例题:以第一年已有数据为例,本届央行应如何调整流动性?首先计算一下第一年的流动性值是多少?具体计算过程如下。

资金总需求 16.57 亿元,包括以下 12 项:

(1) 土地贷款需求:第一年没有拍卖土地;

(2) 到期个人存款:0;国债发行量 0;央票发行量 0;外部票据 0;

(3) 新增存款准备金:[3 亿元(期初个人存款)+4 亿元(个人存款竞标总额)+3 亿元

(新增企业存款)]×4 组×15%(存款准备金率)= 6 亿元;

(4) 个人存款利息:0.27 亿元/组×4 组 = 1.08 亿元;

(5) 企业存款利息:3 亿元×2%(存款利率)×4 = 0.24 亿元;

(6) 景观费:20 亩/组×4 组×250 万元/亩 = 2 亿元;

(7) 建安费:[290 万元/亩(商品房)×16 亩+100 万元/亩(别墅)×4 亩]×4 组 = 2.016 亿元;

(8) 规划设计费:[4.09 亿元/组(房款总收入)×4 组]×10% = 1.636 亿元;

(9) 所有银行与企业的团队工资与网点费用(亿元):8 个网点×0.02+16 个银行团队×0.03+8 个企业运营团×0.1 = 1.44 亿元;

(10) 各银行个人存款营销费+各企业广告费: 0.01 亿元/组(营销费)×4 组+ 0.1 亿元/组(广告费)×4 组 = 0.44 亿元;

(11) 各银行和各企业的行政管理费:4×0.1 亿元(银行)+4×0.25 亿元(企业)= 1.4 亿元;

(12) 增值税:0.32 亿元。

资金总供给 28.00 亿元,包括以下 7 项:

(1) 上期末各银行和企业现金余额:[0.4 亿元(房企)+1 亿元(银行)]×4 = 5.6 亿元;

(2) 新增个人存款:16 亿元;

(3) 房屋销售首付款:1.23 亿元/组×4 = 4.92 亿元;

(4) 到期央票:0;到期国债:0;到期外部票据:0;央行再贷款:0;

(5) 国债利息: 2 亿元/组×7%(国债利率)×4 组 = 0.56 亿元;

(6) 票据利息:0;

(7) 消费贷款利息:2.86 亿元/组×4 组×8% = 0.9152 亿元;

本年末剩余资金 = 资金总供给 28.00 亿元-资金总需求 16.57 亿元 = 11.43 亿元;

第一年房企交货额:4.09 亿元/组(第一年每组房企交货收入)×4 组 = 16.36 亿元;

$$第一年流动性=\frac{资金总供给\ 28.00\ 亿-资金总需求\ 16.57\ 亿}{本年商品房与别墅交货金额\ 16.36\ 亿}=0.7。$$

练习:请老师以某一年全班数据为例,让各小组计算流动性,并与系统计算结果对比。

3.3.2 如何调整流动性

一、现实央行调整流动性的工具

(1) 数量型金融工具主要是数量型货币政策工具,包括存款准备金率和货币信贷投放数量;

(2) 价格型金融工具主要包括利率政策和汇率政策;

(3) 结构型金融工具包括金融业内部发展的各种结构变量工具,如银证结构等。

二、本实验央行调整流动性的工具

存款准备金率、国债、央票、利率政策、投资和融资等。

三、本实验如何运用这些工具调整流动性

央行和银保监会每年可制定政策调整流动性,具体的调整建议见表 3-2:

表 3-2　央行调整流动性建议

盘面常见现象	调整建议
年底房企不愿存款,商业银行不愿意吸收存款或提前支取违约金过高	坚持每年初银行先归还个人存款,再竞标新的个人存款; 讲解:企业存款有利于当年末利润增加,得分增加;银行吸收存款虽会降低盈利,但会降低存贷比、提升超额准备金比率。提醒企业还可以提前还贷,购买国债等
房企不愿多拿,土地拍卖不出去	对销量排名靠前的房企大幅度奖励;提醒开发土地数量每增加一个等级,建安费会下降约 3%。大幅调低首付款(非常重要)比例至 20%~30%;首付款比例每调低 5%,总订单增长约 10%,反之亦然。拍完土地后,先竞标订单,再生产房屋。当订单过多时,允许再次拍卖剩余的土地。 讲解:报价对利润的影响,明确告知学生并不是最高报价获得的利润最高(很重要)
当银行和房企现金都紧张时	央行应放松流动性,包括降低存款准备金率,降低再贴现率;回购未到期央票(如银行没有未到期央票,可由央行再贷款给银行,不扣分)提醒银行提前兑付国债、暂停央票发行、国债发行、外部票据;减少土地供给
当银行现金充裕,房企现金紧张	如房企资产负债率未超标,可以降低存贷款基准利率。如房企资产负债率超标,应提醒房企提前支取存款;未办理的消费贷款尽快办理;通过股权融资。减少土地供给
当银行现金紧张,房企现金充裕	提高存贷款利率:提醒银行发行股票、再贴现、再贷款、提前兑付国债。大量增加央行主动再贷款(此时不扣银行组的分),注入流动性。暂停央票发行、国债发行、外部票据;主动回购央票。提醒银行发行股票:大幅降低存款准备金率

本实验中的其他政策工具请见表 3-3:

表 3-3　其他政策操作表

政策操作点	影响	调整建议
购房首付比例	影响商品房和别墅当年需求量	房价高涨时,建议提高首付比例
土地供应量	影响房地产土地开发规模	房企资金充裕时,建议多供地;房价高涨时,建议多供地
房地产企业增值税	影响企业盈利	房地产全行业利润为负时,应大幅度降低增值税率

本实验调整流动性的例子:

如图 3-6 所示,由于第三年房价涨幅超过大,为平抑房价,系统自动收缩流动性,如图 3-5 所示,相比第三年,提高了存款利率和贷款利率、再贷款利率各 1%。此时老师可以调整其他绿色背景(阴影)单元格以达到释放或进一步收紧流动性目的。在图 3-5 中,存款准备金率比第三年上调2%至17%，同时发行央票6亿元，均收紧了流动性。另外，土地供给比第三年增加了21亩至136亩，外部票据贴现比第三年增加了1亿元至4.5亿元，都会大量增加货币需求，导致年末的现金与存款减少。同时，土地数量增加还可能导致本年销售的商品房与别墅金额大幅增加，使得流动性指数进一步降低。不过，第四年的预计新增个人存款比第三年增加了13亿元，意味着货币供给也增加了，但这些货币供给能否满足以上货币需求呢？

我们可以看一看第四年最终的流动性结果。

	宏观政策与外部环境					
	第一年	第二年	第三年	第四年	第五年	第六年
存款利率	2.0%	2.0%	2.0%	3.0%	3.0%	#DIV/0!
贷款利率	8.0%	8.0%	8.0%	9.0%	9.0%	#DIV/0!
再贷款率	5.0%	5.0%	5.0%	6.0%	6.0%	#DIV/0!
存款准备金率	15.0%	15.0%	15.0%	17.0%	17.0%	#DIV/0!
央票发行规模（万元）	0	0	0	60000	0	#DIV/0!
国债发行规模（万元）						
商品房和别墅调整后首付比例	30.0%	30.0%	30.0%	35.0%	35.0%	#DIV/0!
本年预计供地规模（亩）	0	120	115	136	169	#DIV/0!
外部票据贴现（万元）	0	0	35000	45000	35000	0
预计新增个人存款（万元）	160000	341000	393000	523000	567000	#DIV/0!
房地产公司增值税率	11%	11%	11%	11%	11%	11%
城建工程订单（个/类）				1	1	

图3-5 教师端沙盘操作运营界面

第四年流动性结果如图3-6所示，比第三年降低了0.1%，只有0.72%。同时房价涨幅也从第三年的8.8%降至0.2%，意味着央行通过以上措施确实大幅收紧了流动性，控制了房价。

第三年央行业绩目标与预测			年末各组现金之和（万）		192000	房企交货（万）		234100	房价涨幅	8.8%	流动性	0.82
	银行A	银行B	银行C	银行D	银行E	银行F	企业A	企业B	企业C	企业D	企业E	企业F
平均价格涨幅房价涨幅												
市场流动性												
期末现金余额（万）	64700	44500	99600	40400	13500	13500	44500	0	8200	14100	-4500	-4500
房价涨幅预测得分												
市场流动性预测得分												
指标总得分	0	0	0	0	0	0	0	0	0	0	0	0
第四年央行业绩目标与预测			年末各组现金之和（万）		129800	房企交货（万）		180200	房价涨幅	0.2%	流动性	0.72

图3-6 第三年和第四年流动性指标

3.4 案 例

2018年1月份，银行间市场上代表性的7天期回购利率（DR007）下行超过30个基点,整个1月份的算术均值为2.84%,为2017年8月以来最低。全口径的7天期回购利率(R007)下行了两三百个基点,1月份均值为2.91%,较2017年12月下行超过30BP,运行中枢回落明显。R与DR系列的利差也大幅度收敛,表明中小机构融资溢价大幅下降,流动性供求形势的改善全面、显著。

中长期限货币市场利率也出现了一定松动。1月份,3个月Shibor下行约20BP,打破了2017年四季度持续上行的走势,传递出市场流动性预期改善。

2月1日,2018年“春运”大幕拉开,从往年来看,这也意味着节前取现高峰期来临,但央行继续通过逆回购到期回笼流动性,过去8日已累计净回笼超过1.2万亿元,市场资金面仍面不改色,资金需求上升,供给也在放量,整体宽松依旧。市场上主要期限的回购利率也继续走低,DR007进一步下行至2.7%一线,为过去10个月低位水平。

如此种种,反映出流动性现状和预期都是比较乐观的。这在很大程度上要归因于1月下旬普惠金融定向降准实施及央行建立“临时准备金动用安排(CRA)”。这两项操作或安排,释放的流动性成本极低,前者虽然规模有限,但覆盖很广,后者虽然有时效限制,但规模巨大,对今后一段时间流动性供给及预期的积极影响比较显著。央行此次定向降准将当前对小微企业和“三农”领域实施的定向降准政策拓展和优化为统一对普惠金融领域贷款达到一定标准的金融机构实施定向降准政策。这个调整可以确保货币更加有效的流到普惠金融领域。

通过不断完善定向降准政策,这个结构性工具对提高金融服务小微企业的能力、激发小微企业投资的能动性起到了积极作用,同时也避免了普遍降准导致的结构性失衡加剧。

从各部门的表态以及深化供给侧结构性改革的需要看,今后一段时期内定向降准等政策仍将是央行主要使用的数量型调控工具,在此基础上逐步向价格型调控转型。

案例分析:

1. 请调查近年来央行运用了哪些工具调整流动性?

2. 央行根据什么指标判断现实中的流动性?

参考答案:

1. 数量型金融工具:① 定向降准;② 下调金融机构人民币贷款和存款利率。

2. 价格型金融工具:① 央行四次降低正回购利率;② 央行还在不同时间点开展了短期流动性操作(SLO),抵押补充贷款(PSL)以及常设借贷便利(SLF),还有中期借贷便利(MLF)。

4

商业银行吸收个人存款实验

4.1 实验要求

◆ 能够掌握个人存款营销竞争需要考虑因素；
◆ 能够计算本行个人存款任务量。

4.2 实验步骤

一、教师端

组织商业银行个人存款竞标：点击图 4-1 中的“个人存款竞标”，选择相应年份（见图 4-2）。

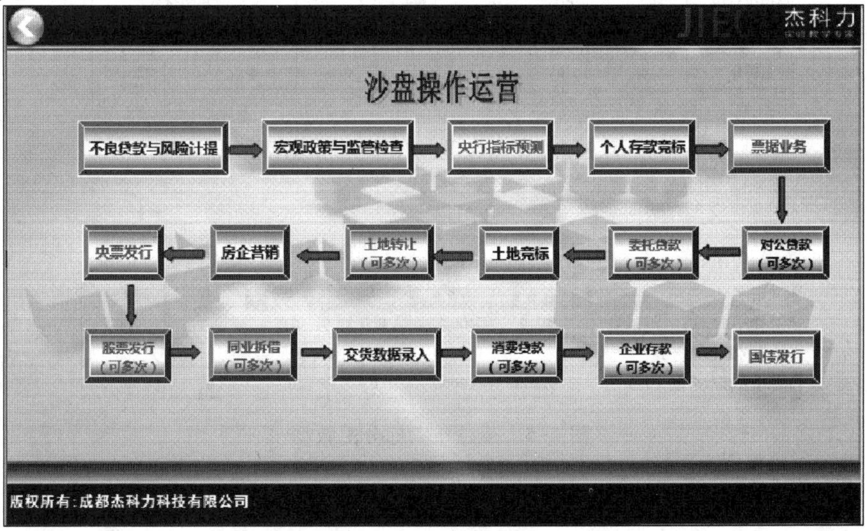

图 4-1 沙盘操作运营界面

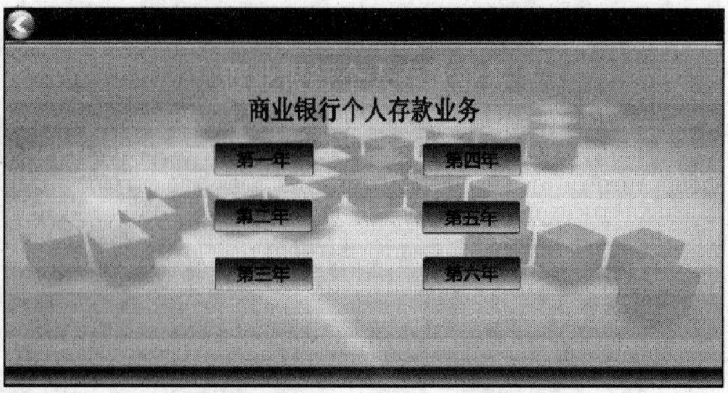

图 4-2　商业银行个人存款业务界面

在图 4-3 中绿色背景单元格中，根据各组上交的竞标单输入各组竞标投入，并输入排名，点击图 4-3 中右上角“查看竞标结果”按钮，系统将自动分配存款，结果如图 4-5 所示。

老师在竞标表界面可自行修改营销费的权重，如图 4-4 所示。

«			第一年		查看竞标结果		
商业银行	A	B	C	D	E	F	
营销费(万)	700	400					营销费权重
现有存款团队(个)	2	2					40%
排名得分	40.0	22.9	0.0	0.0	0.0	0.0	

图 4-3　第一年竞标表

«			第一年		查看竞标结果		
商业银行	A	B	C	D	E	F	
营销费(万)	100	200	300	400			营销费权重
现有存款团队(个)	2	2	2	2			20%
排名得分	5.0	10.0	15.0	20.0	0.0	0.0	权重比例可修改

图 4-4　可修改权重的第一年竞标表

«			第一年			»
商业银行	A	B	C	D	E	F
竞标得分	40.0	22.9	0.0	0.0	0.0	0.0
个人存款总额（万）			80000			
实际个人存款分配（万）	51000	29000	0	0	0	0

图 4-5　第一年竞标分配数据

第一年竞标结果：

第一年竞标数据如图 4-6 所示（第一年的任务清单营销费都是 100 万元，教师在演示时可以自由修改数字以直观看到营销费不同带来的影响），可以看出营销费越高获得的个人存款越多，并且在第一年只有营销费影响获得存款的金额。

	第一年					
商业银行	A	B	C	D	E	F
竞标得分	100.0	100.0	100.0	100.0	0.0	0.0
个人存款总额（万元）	160000					
实际个人存款分配（万元）	40000	40000	40000	40000	0	0

新增个人存款登记与利息速算表　单位：万元

		基准+0.5%（1年期）	基准+1.5%（2年期）	基准+2.5%（3年期）	基准+3%（4年期）	存款利息合计（万元）
存款利率		2.5%	3.5%	4.5%	5.0%	
场外个人存款总额（万元）			80000			
银行A	已有		30000			2700
	新增		20000	20000		
银行B	已有		30000			2700
	新增		20000	20000		
银行C	已有		30000			2700
	新增		20000	20000		
银行D	已有		30000			2700
	新增		20000	20000		
银行E	已有		30000			1100
	新增					
银行F	已有		30000			1100
	新增					

图 4-6　第一年竞标结果

第二年的竞标结果：

如图 4-7 所示，由于经过一年的经营以后，每个团队的成绩都不同。因此，营销费不再是唯一有影响的因素，还有贷款，个人存款和网点共同影响着竞标结果。企业通过填写营销费来争取到不同数额的存款，营销费越多争取的个人存款越多，排名得分也就越高。但同时也要关注企业本身现有的存款团队，每个存款团队可办理 6 亿元的存款金额。最后各家银行第二年的竞标结果由图 4-8 所示的表格给出。

	第二年					
商业银行	A	B	C	D	E	F
竞标得分	51.8	77.0	40.0	50.0	0.0	0.0
个人存款总额（万元）	181000					
实际个人存款分配（万元）	43000	64000	33000	41000	0	0

图 4-7　第二年商业银行竞标得分

A 银行实际个人存款分配 = 51.8/(51.8+77+40+50)×181 000 = 42 851 元（向上取整为 43 000 元）其他银行同上。

如图 4-8 所示，由于营销费贷款等占的比重不同，所以每组相应的得分也不同。在此次模拟中,营销费用占了 40%,所以营销费总分为 40 分。

	第二年					查看竞标结果	
商业银行	A	B	C	D	E	F	
营销费(万元)	100	200	300	400			营销费权重
营销费排名	10.0	20.0	30.0	40.0	0.0	0.0	40%
上年新增企业贷款和消费贷款(万元)	25100	63600	0	0	0	0	贷款权重
贷款排名	11.8	30.0	0.0	0.0	0.0	0.0	30%
上年新增个人存款(万元)	81000	69000	0	0	0	0	个人存款权重
个人存款排名	20.0	17.0	0.0	0.0	0.0	0.0	20%
现有网点数量(个)	2	2	2	2	2	2	网点权重
网点数量排名	10.0	10.0	10.0	10.0	10.0	10.0	10%

图 4-8 第二年个人存款竞标结果

4 家银行所投的营销费用分别为 100、200、300 和 400 万元。由于 D 组的营销费用最高,所以 D 组的营销费用得分为满分 40,那么 A 银行得分 = 40/400×100 = 10;B 银行得分 = 40/400×200 = 20;C 银行得分 = 40/400×300 = 30。

二、学生端

扮演银行组的同学,要填写表 4-1 商业银行个人存款竞标单,然后上交到老师处。

表 4-1 ____商业银行个人存款竞标单 单位:万元

	第一年	第二年	第三年	第四年	第五年	第六年
营销费用(最低为 100 万元)						

等待竞标结果出来后,在银行运营系统主界面选择"现金管理模块"选项卡,如图 4-9 所示。将竞标的结果填入如图 4-10 中所示的现金管理模块中的个人存款业务栏。

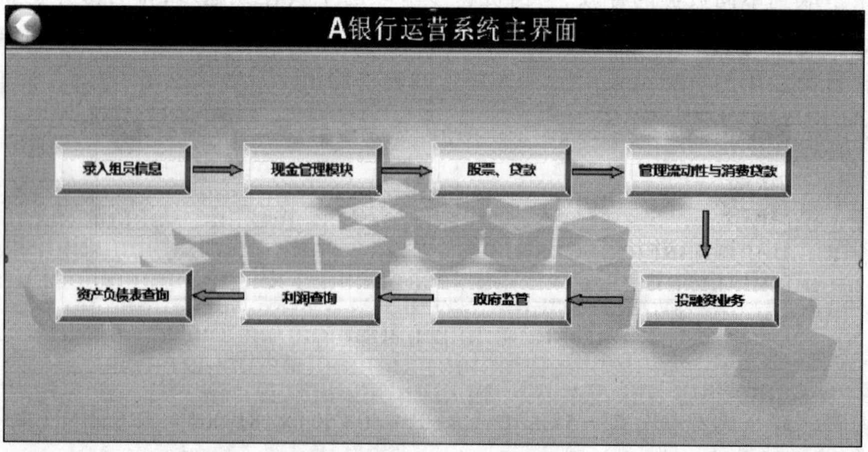

图 4-9 银行运营系统主界面

现金管理模块

填写说明：请在每一年的发生金额一栏中填写数字后将自动生成报表，未发生就填0。数字前面不能用"+"或"-"号，也不用发生金额为1000万，只需填写1000。请勿更改此表名称结构和任何步骤，现金余额一栏将自动计算。

序号	业务	经营步骤	责任人	填写单据	第一年	第二年
		期初现金余额			10000	31400
	5. 个人存款业务	盘面所有个人存款往前移一格，偿还到期个人存款	客户经理	个人存款竞标表	0	
		填写个人存款竞标表，支付营销费用			100	
		获得个人存款			40000	
		盘点个人存款余额为			70000	70000
		按个人存款余额支付个人存款利息			2700	

图 4-10 现金管理模块

4.3 此步骤运用的知识点

4.3.1 如何计算个人存款任务量

商业银行的主要经营业务是吸收存款和发放贷款，主要的收入来源于发放贷款利息收入。在发放贷款时就需要关注各项资金的来源，其中吸收个人存款和企业存款是银行资金的主要来源。企业存款是由经营中银行和企业谈判博弈而定，而个人存款则是根据各银行的营销费用、网点数和上年存贷款总额等因素按权重配比所得的总分数在系统中进行竞标所得。竞标的个人存款是多好还是少好呢？以及竞标后该怎样组合不同年限的个人存款筹码？

如果吸收个人存款太多，付出的营销费用可能很大，资金也可能出现闲置的情况。如果吸收个人存款太少，发放消费贷款的时候就会出现银行没钱的情况。所以我们可以根据一定的公式算出每年大概需要吸收的个人存款和最低贷款任务。

$$最低贷款任务=\frac{固定成本}{利差} \tag{4.1}$$

例：经营成本=4 个团队工资 1 200 万元+2 个网点运营费 400 万元+管理费用 1 000 万元+营销费用 100 万元=2 700 万元；

利差=8%-2%=6%；

第一年的最低贷款任务为 45 000 万元。

$$最低吸纳存款量=\frac{贷款任务}{存贷比}=\frac{45\ 000}{75\%}=60\ 000\ 万元 \tag{4.2}$$

注：如需精确计算，应以法定存款准备金率和超额存款准备金率替代存贷比。

4.3.2 如何进行个人存款竞标决策

一、竞标前应考虑的因素：

1. 营销费用因素

营销费用越高，获得的个人存款越多。以第二年个人存款竞标为例。假定 A、B、C、D 四家银行的营销费用都是 100 万元，如表 4-2 所示，四家银行所获得的个人存款一致。

表 4-2　个人存款竞标表 1

商业银行	第二年个人存款竞标			
	A	B	C	D
营销费(万元)	100	100	100	100
营销费排名	40.0	40.0	40.0	40.0
上年新增企业贷款和消费贷款(万元)	33 100	33 100	33 100	33 100
贷款排名	30.0	30.0	30.0	30.0
上年新增个人存款(万元)	70 000	70 000	70 000	70 000
个人存款排名	20.0	20.0	20.0	20.0
现有网点数量(个)	2	2	2	2
网点数量排名	10.0	10.0	10.0	10.0
现有存款团队(个)	2	2	2	2
总得分	100.0	100.0	100.0	100.0
个人存款总额(万元)	276 000			
实际个人存款分配(万元)	69 000	69 000	69 000	69 000

假定 A、B、C 三家银行营销费投入都是 100 万元，D 银行营销费分别投入 100 万～1 000 万元，软件模拟得出各银行实际个人存款分配额，如表 4-3 所示：

表 4-3　营销费变化对个人存款分配额的影响

D 银行所投营销费(万元)	100	200	300	400	500	600	700	800	900	1 000
D 银行所得个人存款分配额(万元)	69 000	81 000	86 000	89 000	91 000	92 000	93 000	94 000	94 000	95 000

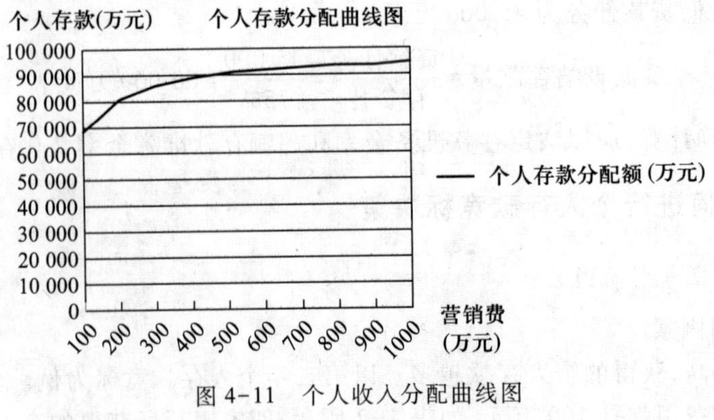

图 4-11　个人收入分配曲线图

由图 4-11 可以看出在其他条件相同且 A、B、C 银行营销费都是 100 万元的前提下，银行 D 所得个人存款随着营销费的增长而增长，增长速度呈递减趋势。

2. 其他因素

当营销费用不变时，上年网点数和存贷款数越多，则本年获得个人存款最大额度将越多。假定：A、B、C、D 银行的营销费不变，B 银行相对于 A 银行贷款增加到 40 000 万元；C 银行相对于 A 银行存款增加到 80 000 万元；D 银行相对于 A 银行网点增加到 4 个。最终导致 B、C、D 所获得的个人存款均高于 A。具体数据如表 4-4 所示：

表 4-4 个人存款竞标表 2

	第二年个人存款竞标			
商业银行	A	B	C	D
营销费（万元）	100	100	100	100
营销费排名	40.0	40.0	40.0	40.0
上年新增企业贷款和消费贷款（万元）	33 100	40 000	33 100	33 100
贷款排名	24.8	30	24.8	24.8
上年新增个人存款（万元）	70 000	70 000	80 000	70 000
个人存款排名	17.5	17.5	20.0	17.5
现有网点数量（个）	2	2	2	4
网点数量排名	6.7	6.7	6.7	10.0
现有存款团队（个）	2	2	2	2
总得分	87.3	92.5	89.8	92.3
个人存款总额（万元）	276 000			
实际个人存款分配（万元）	67 000	71 000	68 000	70 000

二、竞标后需要考虑的因素

央行每年按系统生成的个人存款总额随机抓取不同年限的个人存款筹码，得分高者优先选择。如只选择 1 年期的，虽然利息支出最低，但当前流动性相对比较紧张，同时导致明年年初还款压力巨大；如只选择 4 年期的，虽然当前流动性相对比较宽松，但所支付的利息成本高（如表 4-5 所示）。所以不同年限个人存款筹码具体怎样配比，同学们可以根据宏观政策和银行自身情况而定。

表 4-5 新增存款与利息总额表 单位：万元

	基准+0.5%（1 年期）	基准+1.5%（2 年期）	基准+2.5%（3 年期）	基准+3%（4 年期）	当年新增存款的利息总额
银行 A	69 000				1 800
银行 B				69 000	3 500
银行 C	19 000	20 000	10 000	10 000	2 200
银行 D	9 000	20 000	20 000	20 000	2 000

5 商业银行对公贷款定价实验

5.1 实验要求

- ◆ 能够进行贷款定价谈判；
- ◆ 能够理解企业对中间业务的需求。

5.2 实验步骤

一、教师端

收到银行上交的对公贷款竞标单(见表5-1)和贷款协议(见附录3)后,在图5-1中,点击“沙盘操作运营”,如图5-2操作界面,点击“对公贷款”选项。然后如图5-3所示将学生数据填入贷款规模栏。

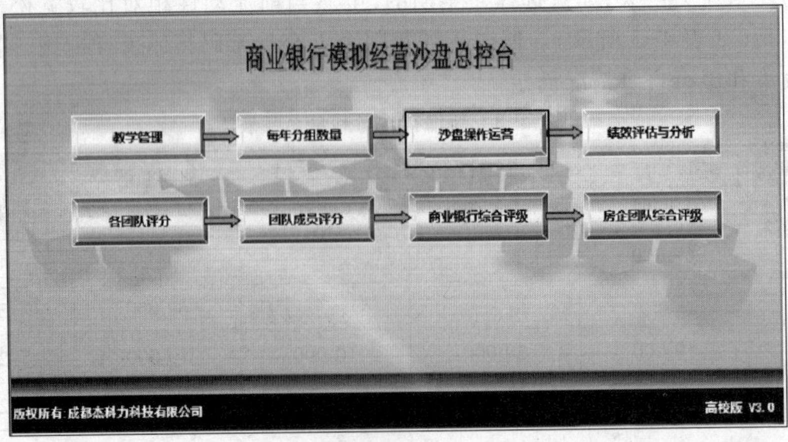

图5-1 商业银行模拟沙盘总控台

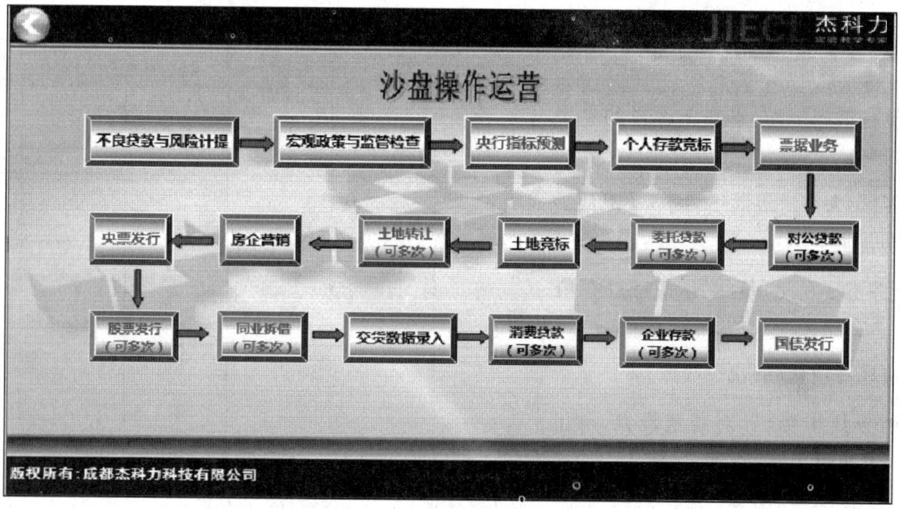

图 5-2 沙盘操作运营

	对公贷款						
	竞争规则：由贷款综合指标得分最高的企业先选银行进行贷款，银行如果拒绝，其同等客户的贷款利率只能依次升高。如果企业贷款综合指标得分相同，再依次比较贷款规模大小。						
第一年		企业A	企业B	企业C	企业D	企业E	企业F
	贷款规模（万元）	10000	10000	10000	10000		
		银行A	银行B	银行C	银行D	银行E	银行F
	贷款最高年利率%	15.00%	15.00%	15.00%	15.00%		
	对老客户/大客户最低年利率%	8.00%	8.00%	8.00%	8.00%		
	额度（万元）	40000	40000	40000	40000		
	最高额度占用费（一次性收取，%）	2.00%	2.00%	2.00%	2.00%		
	最高财务评审费（每年收取，万元）	200	200	200	200		
第二年		企业A	企业B	企业C	企业D	企业E	企业F
	贷款分类	正常类贷款	损失类贷款	损失类贷款	损失类贷款	损失类贷款	损失类贷款
	贷款调查综合得分	95	0	0	0	0	0
	贷款规模（万元）						
		银行A	银行B	银行C	银行D	银行E	银行F
	贷款最高年利率%						
	对老客户/大客户最低年利率%						
	额度（万元）						

图 5-3 对公贷款

图 5-3 所示表格中贷款规模由企业自行决定后填入竞标单和贷款协议。贷款最高利率和对老客户最低年利率在年初时由银行决定，银行可根据息税前利润率和银行可用资金成本率估计当年贷款利率的范围。额度在年初时会根据上年所有银行和企业经营成果拟定。最高额度占用费和财务评审费年初银行自行拟定。

二、学生端

银行组首先根据盘面现金，估算出本年可发放的贷款额，将结果填入商业银行对公贷款表（见表 5-1），将竞标单填写完成后交给老师。

表 5-1 ____商业银行对公贷款表

	第一年	第二年	第三年	第四年	第五年	第六年
贷款最高年利率%（不高于客户的息税前毛利率）						
对老客户/大客户最低年利率%（不低于可用资金成本率）						
额度（单位：万元，最大不应超过存贷比）						
最高额度占用费（一次性收取，%）						
最高财务评审费（针对每笔贷款，每年收取____万元）						

注：当企业年末的资产负债率超过 65%时，当年为该企业发放贷款的银行将被罚款。

依据教师端对公贷款公示情况进行贷款谈判，谈判完成后填写附录 3 中的银行贷款协议。

最后点击实验操作界面的“股票、贷款”模块，如图 5-4 所示。再填写对公贷款业务栏，如图 5-5 所示。

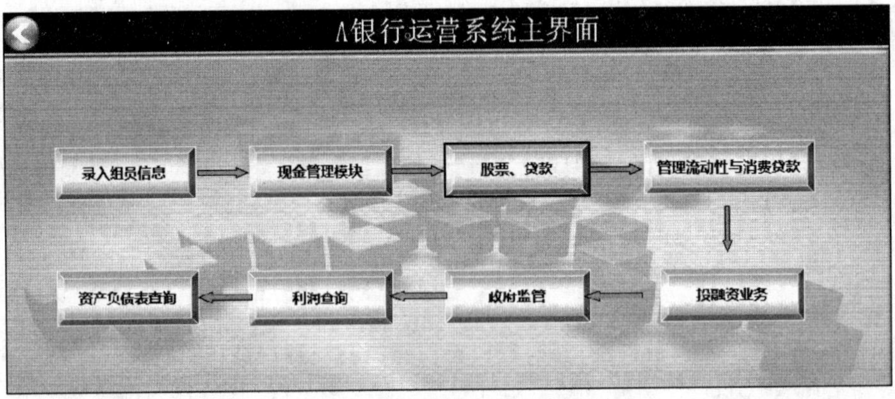

图 5-4　银行运营主界面

股票、贷款业务

填写说明：请在每一年的发生金额一栏中填写数字后将自动生成报表，未发生就填0。数字前面不能用“+”或“-”号，也不位是万元，如发生金额为1000万元，只需填写1000。请勿更改此表名称结构和任何步骤，现金余额一栏将自动计算。

序号	业务	经营步骤	责任人	填写单据	第一年	第二年
1	对公贷款业务	企业贷款往前移一格，贷款到期/提前收回本金（按盘面记帐筹码金额，不包括已计提损失的贷款本金）	信贷经理	填写对公贷款表，签订贷款协议	0	
		本年及以前已计提损失准备的贷款又收回来了			0	
		填写对公贷款表，发放企业贷款，填写贷款协议书			10000	
		按企业贷款余额收到利息；企业提前还贷或延后还贷加收违约金				
		收到企业的额度占用费和财务评审费等			1400	
2	代理委托贷款	代理委托贷款的银行，收取代理费	综合柜员	委托贷款表	0	
3	现金盘点	现金盘点	全体成员	无	1400	4700

图 5-5　股票、贷款业务表

房地产公司首先根据表 5-2 中所示的内容，估算出本年所需的贷款额，将结果填入房地产公司对公贷款单（如表 5-3 所示），将竞标单填写完成后交给老师。

表 5-2 房地产公司资金规划表

单位：万元

	项目	第一年	第二年	第三年	第四年	第五年	第六年
1	上年现金余额						
2	竞标土地支出						
3	归还到期负债						
4	支付利息和中间业务费用						
5	竞标订单广告支出						
6	景观与规划设计支出						
7	建安支出						
8	国债投资						
9	放出委托贷款						
10	运营团队支出						
11	增值税和所得税支出						
12	支付管理费						
13	其他支出						
14	支出合计						
15	各资产项到期本金与利息收入						
16	各产品交付现金收入						
17	其他收入						
18	收入合计						
19	剩余现金预计						
20	预计贷款金额						

表 5-3 房地产公司对公贷款单

	第一年	第二年	第三年	第四年	第五年	第六年
贷款规模（万）						

依据教师端对公贷款公示情况，各企业与银行进行贷款谈判，谈判完成后填写附录 3 中的银行贷款协议。

最后点击实验操作界面的“融资贷款与土地竞标”，如图 5-6 所示。再填写贷款及利息结算栏，如图 5-7 所示。

（1）委托贷款。如在上一环节即银行贷款时未贷到足额资金，贷款需求企业可将表 5-4 填写交给老师参加委托贷款，依据教师端委托贷款公示情况进行谈判，谈判完成

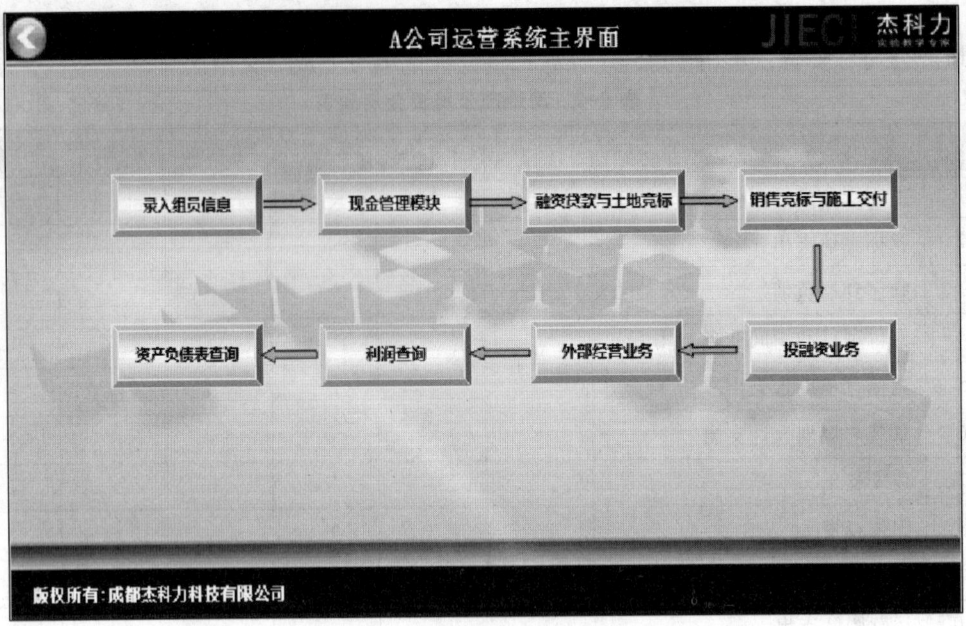

图 5-6　公司运营系统主界面

融资贷款与土地竞标

填写说明：请在每一年的发生金额一栏中填写数字后将自动生成报表，未发生就填0。数字前面不能用“+”或“-”号，也不
单位是万元，如发生金额为1000万元，只需填写1000。请勿更改此表名称结构和任何步骤，现金余额一栏将自动计算。

序号	经营步骤		责任人	填写单据	第一年	第二年
1	贷款及利息结算	所有银行贷款往前移一格，到期偿还/提前偿还本金	总经理	填写对公贷款表，与银行签订企业贷款协议	0	
		高利贷往前移一格，到期偿还本金			0	0
		签订贷款协议书，获得银行贷款			10000	
		支付申请贷款的额度占用费、财务评审费和担保费；以及提前还贷或延后还贷的违约金			400	
		为其他企业提供担保，获得担保费			0	
		办理高利贷，获得现金			0	
		支付所有银行贷款与高利贷利息			1400	
		被担保企业违约，本公司支付连带赔偿，金额为			0	
		收到违约房企偿还的连带赔偿款			0	

图 5-7　房地产公司融资贷款表 1

后填写附录 3 中的银行贷款协议。最后点击实验操作界面的“融资贷款与土地竞标”，如图 5-6。填写委托贷款栏，如图 5-8 所示。

表 5-4　____房地产公司委托贷款

	第一年	第二年	第三年	第四年	第五年	第六年
需要贷款的规模(万)						
愿意贷出金额(万)						
最高年利率%(贷出方填写)						

融资贷款与土地竞标

填写说明：请在每一年的发生金额一栏中填写数字后将自动生成报表，未发生就填0。数字前面不能用“+”或“-”号，也不
单位是万元，如发生金额为1000万元，只需填写1000。请勿更改此表名称结构和任何步骤，现金余额一栏将自动计算。

序号	经营步骤		责任人	填写单据	第一年	第二年
2	委托贷款	盘面负债项的委托贷款(贷)往前移一格，到期偿还/提前偿还本金	财务经理	签订委托贷款协议	0	
		盘面资产项的委托贷款(借)往前移一格，到期或提前收回本金			0	
		企业间签订委托贷款协议，获得其他企业贷款			0	
		企业间签订委托贷款协议，贷给其他企业金额			0	
		获得委托贷款的企业选择一家银行，支付代理费			0	
		按盘面负债项的委托贷款（贷）余额支付利息			0	
		按盘面资产项的委托贷款（借）余额收到利息			0	

图 5-8　房地产公司融资贷款 2

（2）贷入方企业。有多余资金的企业可填写表 5-4 交给老师参加委托贷款，依据教师端委托贷款公示情况进行谈判，谈判完成后填写附录 3 中的银行贷款协议。最后点击实验操作界面的“融资贷款与土地竞标”，如图 5-6 所示。填写委托贷款栏，如图 5-8 所示。

（3）委托代理方银行。填写表 5-5 交给老师参加委托贷款，依据教师端委托贷款公示情况进行谈判，谈判完成后填写附录 3 中的银行贷款协议。最后点击实验操作界面的“融资贷款与土地竞标”，如图 5-6 所示。填写委托贷款栏，如图 5-5 所示。

表 5-5　____商业银行委托贷款

	第一年	第二年	第三年	第四年	第五年	第六年
中间业务费率%						

5.3　此步骤运用的知识点

5.3.1　对公贷款定价影响因素

在生活中，商业银行进行贷款定价，一般会考虑：① 资金成本；② 风险成本；③ 经营成本；④ 资本成本；⑤ 贷款额；⑥ 贷款的期限；⑦ 银行目标盈利水平；⑧ 金融市场竞争态势；⑨ 银行与企业的整体关系及资信状况；⑩ 市场上信贷资金的供求状况 :流动性。

在此软件中，对于商业银行的贷款定价我们主要考虑：① 企业的息税前利润率；② 银行的可用资本成本率；③ 银行之间的竞争；④ 流动性；⑤ 银行与企业的关系。

以上因素是如何影响贷款定价的？

企业的息税前利润率决定了贷款定价的上限，银行的可用资本成本率决定了贷款定价的下限。如果贷款定价高于企业的息税前利润率，企业贷款的成本增加导致企业出现亏损。如果贷款定价低于商业银行的贷款定价，银行的收入就会偏少导致银行出现亏损。

贷款的风险程度越低，贷款定价也就越低。反之越高。

借款人的资信状态好，和银行的关系好，银行给借款人的贷款定价也就越低，反之越高。

流动性紧张时，应多争取存款，增加银行资金储备，以便发放贷款，增加收益，所以应当降低贷款定价；当流动性宽松时，同时投资渠道较少时，应少争取存款，以减少经营压力，所以应该提高贷款定价。

5.3.2 如何计算可用资金成本率

$$可用资金成本率=\frac{经营成本+\sum 每种资金来源量\times 利率}{吸收的存款额+权益资本-法定存款准备金-超额准备金} \tag{5.1}$$

$$法定存款准备金=法定存款准备金率\times 存款总额 \tag{5.2}$$

$$超额存款准备金=库存现金+在央行的存款-法定存款准备金 \tag{5.3}$$

例：某年存款余额如图 5-9 所示，有 2 个存款团队、2 个贷款团队、2 个网点，当年营销费为 100 万元。

存款利息速算表					
	基准利率	基准+0.5% (1年期)	基准+1.5% (2年期)	基准+2.5% (3年期)	基准+3% (4年期)
存款利率	2.0%	2.5%	3.5%	4.5%	5.0%
存款余额 (万元)			50000	20000	
利息 (万元)	0	0	1800	900	0
利息合计 (万元)	2700				

图 5-9 存款利息速算表

分子 1：经营成本=4 个团队工资 1 200 万元+2 个网点运营费 400 万元+管理费用 1 000 万元+营销费用 100 万元=2 700 万元

分子 2：各种资金来源的利息成本=2 700 万元

分母：吸收存款总额 7 亿元+权益资本 3.15 亿元-按存款总额 25%计法定与超额准备 1.75 亿元=8.4 亿元

所以资金成本率=(2 700 万元+2 700 万元)/8.4 亿元×100%≈6.43%

即银行贷款的下限是 6.43%。我们在期初定的贷款利率为 8%，超过了贷款的下限。

说明：此部分计算可用资金成本率的公式中与现实不符，现实中是，分母是不包含权益资本的。因此，算出来的成本率会更高。

5.3.3 如何计算企业的息税前利润率

息税前利润率是企业息税前利润与当期营业收入的比值，通常以百分比表示，以反映企业的获利能力。

$$息税前利润率=\frac{息税前利润}{营业总收入} \tag{5.4}$$

在此软件中，息税前利润即贷款谈判的利率上限。企业选择向银行贷款首先考虑的就是银行的贷款利率，对于企业而言，贷款率越低越好。并且在向企业贷款的时候会有一个上限，超过上限后企业就会出现亏损。这个上限就是企业的息税前利润率。

本实验中由于息税前利润率考虑的因素过多,所以我们采用毛利率代替息税前利润率。

$$毛利率=\frac{房屋售价-土地成本-景观费-建安成本-规划设计费-增值税}{房屋售价} \tag{5.5}$$

虽然别墅整体利润率较高,但别墅总订单量少,无法摊销固定成本(如利息、管理费用、团队工资、营销费用等),有可能并不优于商品房。

接下来以图 5-10 中的数据来分析。

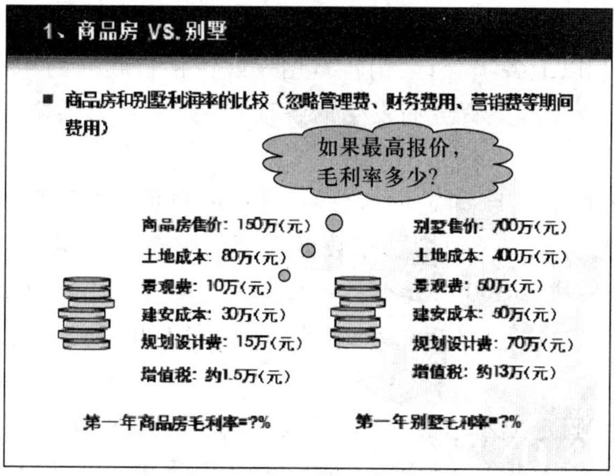

图 5-10 单套商品房或别墅的具体数据

1. 商品房 150 万元报价的销项税:150-80-(150-80)/1.11≈6.94(万元)

进项税:景观绿化和建安是 11%进项税:(10+30)-(10+30)/1.11≈3.96(万元);规划设计费 11%的进项税:15-15/1.11≈1.49 万(元)

此时商品房 150 万元报价的毛利率=(150-80-10-30-15-1.5)/150=9%

2. 别墅 700 万元报价的销项税:700-400-(700-400)/1.11≈29.73 万(元)

进项税:景观绿化和建安是 10%进项税:(50+50)-(50+50)/1.11≈9.91(万元);规划设计费 11%的进项税:70-70/1.11≈6.94 万(元)

此时别墅 700 万元报价的毛利率=(700-400-50-50-70-13)/700≈16.71%

3. 商品房 200 万元报价的销项税:200-80-(200-80)/1.11≈11.89 万(元)

进项税:(10+30)-(10+30)/1.11≈3.96 万(元);规划设计费 11%的进项税:20-20/1.11≈1.98 万元。此时的增值税约为 6 万元。

此时商品房 200 万元报价的毛利率=(200-80-10-30-20-6)/200=27%。

4. 别墅 1 000 万元报价的销项税:1 000-400-(1 000-400)/1.11≈59.46 万(元)

进项税:(50+50)-(50+50)/1.11≈9.91 万元;规划设计费 11%的进项税:100-100/1.11≈9.91。此时的增值税约为 40 万元。

此时别墅 1 000 万元报价的毛利率=(1 000-400-50-50-100-40)/1 000=36%,所以企业向银行贷款的最低上限为 9%。

由于在现实生活中，不可能全建商品房或者全建别墅，并且商品房或者别墅的定价也不会是统一价格。考虑到9%为银行所能接受的最低上限，所以贷款利率在银行可接受范围内可以向上浮动一定比例。并且上述计算没有考虑到期间费用，所以计算出来的值会略高于现实生活中的比例。

现实生活中的期间费用包括：

（1）管理费用。可按项目开发成本的3%左右计算。

（2）销售费用。指开发建设项目在销售产品过程中发生的各项费用以及专设销售机构或委托销售代理的各项费用。主要包括以下三项。① 广告宣传费。一般为销售收入的2%~3%；② 销售代理费。一般为销售收入的1.5%~2%；③ 其他销售费用。一般为销售收入的0.5%~1%。以上各项合计，销售费用一般占销售收入的4%~6%。

（3）财务费用。指为筹集资金而发生的各项费用，主要为借款利息和其他财务费用（如汇兑损失等）。

保本点销售量 = 固定成本总额 ÷(产品单价-单位变动成本)

在此实验中，以某房地产公司第二年数据为例。假定商品房售价150万元/套，土地成本800万元/亩，建安成本300万元/亩，景观投入100万元/亩，规划设计费占房价收入10%。固定支出包含：广告投入1 000万元，管理费用2 500万元，人员工资2 000万元，财务费用1 400万元。

保本点销售量 = 固定成本总额（广告投入1 000万元+管理费用2 500万元+人员工资2 000万元+财务费用1 400万元）÷［产品单价150万元-单位变动成本（土地成本80万元/套+建安成本30万元/套+景观投入10万元/套+规划设计费占房价收入10%为15万元+增值税约1.5万元）］≈511.11套。

即在全部销售商品房且定价为150万元时，保本点销售量为511.11套。所以在考虑固定费用的时候要销售511.11套才能不亏本。

假定商品房售价200万元/套，其余成本不变。

保本点销售量 = 固定成本总额（广告投入1 000万元+管理费用2 500万元+人员工资2 000万元+财务费用1 400万元）÷［产品单价200万元-单位变动成本（土地成本80万元/套+建安成本30万元/套+景观投入10万元/套+规划设计费占房价收入10%为20万元+增值税约6万元）］≈127.78套。

即在全部销售商品房且定价为200万元/套时，保本点销售量为127.78套。所以在考虑固定费用的时候要销售127.78套才能不亏本。

还是以某房地产公司第二年数据为例。假定全部建设别墅，售价700万元/套，土地成本800万元/亩，建安成本300万元/亩，景观投入100万元/亩，规划设计费占房价收入10%。固定支出包含：广告投入1 000万元，管理费用2 500万元，人员工资2 000万元，财务费用1 400万元。

保本点销售量 = 固定成本总额（广告投入1 000万元+管理费用2 500万元+人员工资2 000万元+财务费用1 400万元）÷［产品单价700万元-单位变动成本（土地成本400万元/套+建安成本50万元/套+景观投入50万元/套+规划设计费占房价收入10%为70万元+增值税约13万元）］≈58.97套。

即在全部销售别墅且定价为700万元时，保本点销售量为58.97套。所以在考虑固定费用的时候要销售58.97套才能不亏本。

假定别墅售价1 000万元/套，其余成本不变。

保本点销售量 = 固定成本总额（广告投入1 000万元+管理费用2 500万元+人员工资2 000万元+财务费用1 400万元）÷[产品单价1 000万元-单位变动成本（土地成本400万元/套+建安成本50万元/套+景观投入50万元/套+规划设计费占房价收入10%为100万元+增值税约40万元）]≈19.17套。

即在全部销售别墅且定价为1 000万时，保本点销售量为19.17套。所以在考虑固定费用的时候要销售19.17套才能不亏本。

5.3.4 对公中间业务收入及其影响因素

银行业务分为：资产业务、负债业务、中间业务。

中间业务是指商业银行代理客户办理收款、付款和其他委托事项而收取手续费的业务，是银行不需动用自己的资金，依托业务、技术、机构、信誉和人才等优势，以中间人的身份代理客户承办收付和其他委托事项，提供各种金融服务并据以收取手续费的业务。银行经营中间业务无须占用自己的资金，是在银行资产负债信用业务的基础上产生的，并可以促使银行信用业务的发展和扩大。

1. 在现实中商业银行中间收费业务可分为以下九大类

（1）支付结算类中间业务；

（2）银行卡业务；

（3）代理类中间业务；

（4）担保类中间业务；

（5）承诺类中间业务；

（6）交易类中间业务；

（7）基金托管业务；

（8）咨询顾问类业务；

（9）其他类中间业务。

商业银行实际上也是企业，以提供服务追求利润最大化为目的，我国商业银行传统资产负债业务资产品种单一、质量低下、筹资成本高；同时，受人民币汇率改革的影响，存贷利差越来越小，利差收益提高困难，靠传统资产负债业务维持生存发展越来越困难。中间业务不仅可以改善资产负债结构、分散风险，还可通过增强服务创造效益，已经成为商业银行收益的重要来源。中间业务具有成本低、收益高、风险小的优势，有助于商业银行积累大量资本，增强竞争能力，是商业银行未来发展和竞争的主要阵地。

由于在本实验中涉及以下中间业务、结算及代理费：企业之间的委托贷款必须通过银行进行，银行可收取代理费，金额自定。企业间委托贷款越多，收取的代理费也就越高。

2. 财务评审费

在现实中，财务评审费是银行为了审核中小企业的还款能力和贷款资格，所收取的费用。是为了控制银行贷款风险而向中小企业收取的费用。如第三方审计费用，环保审查费用，等等。在此软件中，财务评审费为固定费用（用于商业银行每年要做的贷款评审。消费贷款没有财务评审费。）其中财务评审费的费用在期初定下。

3. 额度占用费

现实中所谓贷款额度占用费，是指企业向银行贷款时支付的额度未占用部分的费用。额度占用费的比例取决于当前信贷的紧张程度、行业的发展情况、企业自身经营状况、企业市场竞争力、企业和银行之间的关系等。

为了使实验过程更加贴近现实，同时增加各商业银行间的竞争，使实验更加生动有趣，我们在实验中设置了此项费用。实验中商业银行额度有限，房地产企业为了及时拿到贷款，银行可以要求支付一定额度占用费（承诺费），金额自定。

理论上而言，额度占用费的比例越高，银行获得的中间业务收入越多，但由于存在竞争，若此项比例定得过高可能会影响贷款总额，而上年存款总额、网点和贷款总额越多，下一年的个人存款最大额度将越多，过高的额度占用费比例可能会影响银行的存贷比等指标，因此，额度占用费比例应当定为多少合适，还需要同学综合考虑后结合实际情况拟定。

额度占用费=对公贷款总额×额度占用费百分比

同财务评审费一样，额度占用费之所以按比例收取而非按金额收取，也是因为不同额度的贷款产生的风险不一致，较高额度的贷款理应负担较高的额度占用费。若按金额收取，则企业都会选择贷较高额度的贷款，而使银行的坏账风险上升。

由于额度占用费百分比期初已经定下，所以当期对公贷款越多，额度占用费越高。

5.4 案　　例

借款人与银行签订借款金额为700万元的金融借款合同，合同中并未约定收取资金安排费。在合同履行过程，银行口头通知借款人缴纳25万元资金安排费，否则不予放款。借款人缴纳资金安排费后，银行未开具正式发票。后银行发放700万元贷款至借款人指定的开发商账户，但因未能办理房产抵押登记，银行将700万元贷款冻结在该指定账户，借款人无法使用。后双方解除借款合同，借款人在赔偿银行利息损失后诉至法院，要求返还25万元资金安排费。

针对本案有两种不同意见：

第一种意见：银行已经实际履行放款义务，资金安排费虽未在合同中约定，但是银行有收费依据，即关于银行服务收费业务价格表（客户版），且由公告海报及该银行服务价格公告海报进行公示，银行的收费符合法律规定，银行不应返还25万元资金安排费。

第二种意见：银行收取资金安排费缺乏合同依据，银行公告的价目表虽有资金安排费，但未表明服务内容，且收取的金额明显高于公示标准。该笔贷款虽然打到第三人账户，但银行予以冻结，借款人未能实际使用，在借款人已经承担银行利息损失的情况下，银行应该返还25万元资金安排费。

案例分析：

银行是否应该返还借款人25万元资金安排费？

参考答案：

银行应该返还借款人 25 万元资金安排费，具体原因从以下三点分析。

第一，双方签订的合同中未对个人资金安排承担费进行约定，虽然借款人经银行通知缴纳了 25 万元个人资金安排承担费，但并不能就此说明因履行《楼宇按揭抵押贷款合同》双方自愿达成新的口头协议。银行业的收费项目是银行单方制定的，借款人并没有协商的余地，在当时贷款难度巨大的情况下，若想及时获得银行贷款，贷款人不得不根据银行的通知缴纳相关费用。本案中，银行通知原告缴纳的 25 万元个人资金安排承担费是否由于银行履行《楼宇按揭抵押贷款合同》而产生，两者之间缺乏关联。

第二，银保监会《商业银行服务价格管理办法》第十九条规定：商业银行应按照商品和服务实行明码标价的有关规定，在其营业网点公告有关服务项目、服务内容和服务价格标准。根据银行所张贴的价格表，其仅标明了收费项目和收费标准，对每个收费项目所应提供的服务内容并未进行公告。本案中，银行提供了哪些服务才能够收取个人资金安排承担费并没有明确标准，在仅仅是资金到账但借款人无法使用的情况下，银行能否收取该笔费用也没有明确约定，在对收费项目发生争议时，因收费项目是由银行制定，应做对其不利的解释。

第三，银行对个人资金安排承担费的收取具有随意性。首先，价目表明确规定该收费标准最高不超过贷款金额的 3%，即 21 万元，但银行却收取 25 万元，明显超出规定；其次，该收费项目与相邻的费用更低的个人贷款申请审批手续费两者是何关系，个人贷款申请审批手续费应与本案关联性更强，而银行却选择收取金额更高的个人资金安排承担费；最后，银行收取该费用后也未向借款人出具发票，开具发票是提供服务方收取费用的法定义务，也是其提供服务的重要依据。本案中，银行采取违法手段以其他凭证代替发票使用，故不能证明银行实际提供了个人资金安排承担费所应提供的服务内容，对其已收取借款人的 25 万元个人资金安排承担费应予以返还。

6

商业银行对公信贷评估实验

6.1 实验要求

◆ 能够了解对公贷款授信的财务调查；
◆ 能够了解对公贷款授信的非财务调查。

6.2 实验步骤

一、教师端

组织房产组进行土地竞标。在图 6-1 中点击“土地竞标”，根据各小组上交的竞标单，在图 6-2 中输入各小组的竞标报价（由于第一年各小组报价一致，此处选择第二年竞标单做演示）。

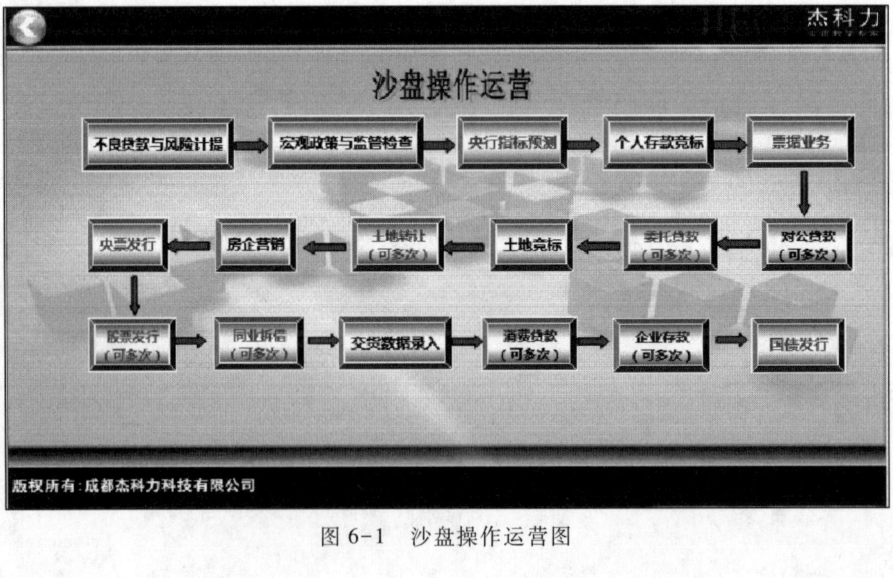

图 6-1　沙盘操作运营图

房地产公司	第二年房地产公司土地竞标						年度合计
	A	B	C	D	E	F	
本年计划供地(亩)	120						120
各公司获得土地(亩)							0
各公司应付土地款(万元)	0	0	0	0	0	0	0
土地竞标单价(万元)							
土地竞标数量(亩)							
							1
	第一年	第二年					1
土地竞标均价(万元)		#DIV/0!					
政府供地总量(亩)		0					1

图 6-2　房地产公司土地竞标

企业购买土地总金额不得超过盘面现有资金，单价高者优先拿地，单价相同时，按交投标单顺序优先拿地。企业参与竞标后，不拿地，将按违规处罚。

组织房产公司进行订单竞标，如点击图 6-1 中“房企营销”，根据各小组上交的竞标单输入相关数据，系统会发布相关订单数据，如图 6-3 所示。

	第一年订单竞标				
房地产公司	A	B	C	D	E
商品房报价(万元)	190	190	190	190	
别墅报价(万元)	900	900	900	900	
广告费(万元)	1000	1000	1000	1000	
品牌效应	1400	1400	1400	1400	400
实际商品房订单(套)	160	160	160	160	0
实际别墅订单(套)	8	8	8	8	0
团队个数	2	2	2	2	
每亩商品房景观投入(万元)	250	250	250	250	
商品房景观投入获得的溢价	9%	9%	9%	9%	-6%
每亩别墅景观投入(万元)	250	250	250	250	
别墅景观投入获得的溢价	9%	9%	9%	9%	-6%

图 6-3　订单竞标单

二、学生端

房地产公司需要填写表 6-1 房地产公司土地竞标单，上交给老师，待竞标结果公布后，填写附录 1 中融资贷款与土地竞标表格，同时将表格数据录入计算机。

表 6-1　房地产公司土地竞标单　　单位：万元

	第一年	第二年	第三年	第四年	第五年	第六年
每亩土地报价（800～1 200 万元/亩，50 万元为一个报价单）						
本年竞标土地（亩）						

点击图 6-4 运营主界面中“融资贷款与土地竞标”按钮，在图 6-5 竞标与转让土地业务栏登记获得土地数量及支付土地款。

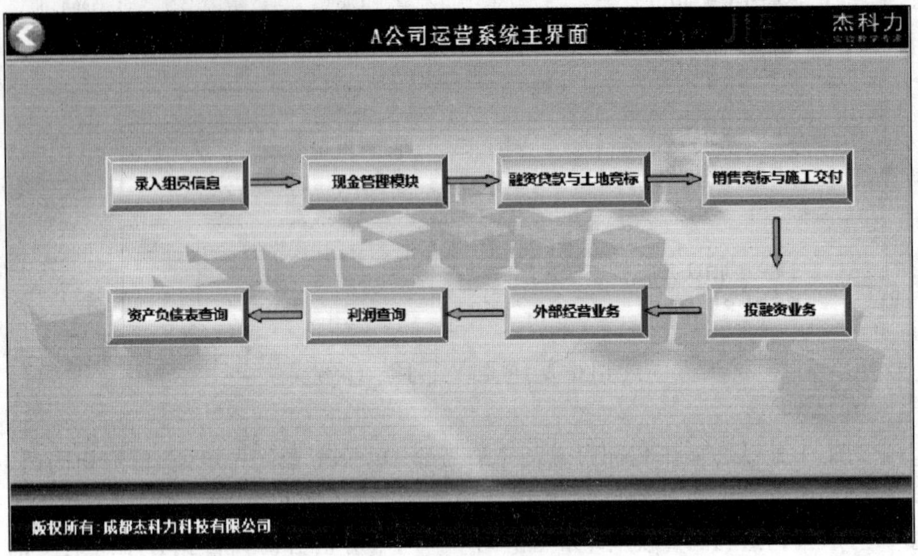

图 6-4 公司运营主界面

融资贷款与土地竞标

填写说明：请在每一年的发生金额一栏中填写数字后将自动生成报表，未发生就填0。数字前面不能用“+”或“-”号，也不单位是万元，如发生金额为1000万元，只需填写1000。请勿更改此表名称结构和任何步骤，现金余额一栏将自动计算。

序号	经营步骤		责任人	填写单据	第一年	第二年
3	竞标与转让土地	竞标土地，填写土地竞标表，获得土地数量（亩）	运营经理	填写土地竞标表和转让表	0	
		竞标土地，支付土地款，金额为			0	
		土地竞标违约，被没收保证金或罚款			0	
		转出土地，填写土地转让表，成功转让数量为（亩）			0	
		转出土地，相应数量的土地价值筹码移出盘面，金额为			0	0
		转出土地，收到现款			0	
		转出土地的应收款			0	
		收购其他公司土地，数量为（亩）			0	
		收购其他公司土地，支付现款			0	
		收购其他公司土地剩余应付款			0	
4	竞标城建工程与盘点	一级资质房企竞标城市基础设施与配套工程	市场经理	订单	0	
		现金盘点			12200	2400

图 6-5 融资贷款与土地竞标表

填写表 6-2 房地产公司土地转让表，上交给老师，待转让数据公示后，进行谈判，填写附录 3 中土地转让协议，进行土地与现金交易后填写附录 1 中融资贷款与土地竞标表格（如图 6-4 和图 6-5），同时将表格数据录入计算机。

表 6-2 ______房地产公司土地转让表

	第一年	第二年	第三年	第四年	第五年	第六年
最大出让土地（亩）						

续表

	第一年	第二年	第三年	第四年	第五年	第六年
最高出让单价(万元/亩)						

填写表 6-3 市政工程项目竞标表,上交给老师,项目中标后填写附录 1 中融资贷款与土地竞标表格(如图 6-4 和图 6-5),同时将表格数据录入计算机。

表 6-3 ______房地产公司市政工程项目竞标表

项目号	竞标数量(个)	换取土地数(亩)
A1		
A2		

填写表 6-4 房地产公司商品房和别墅订单竞标单,上交给老师,待竞标结果公布后,填写附录 1 中销售竞标与施工交付表,同时将表格数据录入计算机。

表 6-4 房地产公司商品房和别墅订单竞标单 单位:万元

	第一年	第二年	第三年	第四年	第五年	第六年
商品房价格(150 万~200 万元,以 10 万元为一报价单位)						
别墅价格(700 万~1 000 万元,以 50 万元为一报价单位)						
广告费(100 万元至上年销售额的 20%)						
商品房每亩景观投入(100 万~400 万元,每增加 50 万元,将获得 3%的销售溢价和 3%的销量增长)						
别墅每亩景观投入(规则同上)						

点击图 6-4 公司运营主界面中的"销售竞标与施工交付"按钮,在图 6-6 订单竞标与交货业务栏登记广告费及景观设计报价。

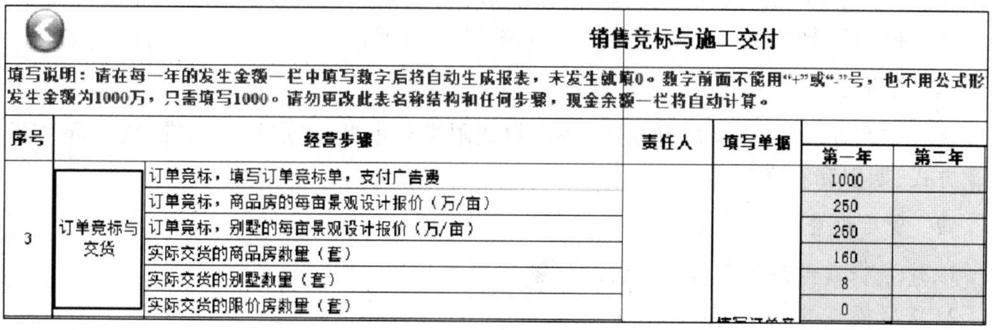

图 6-6 销售竞标与施工交付表

6.3 此步骤运用的知识点

6.3.1 对公信贷评估内容

一、贷前调查

1. 贷前调查的基本内容

(1) 基本情况:主要是借款人的贷款主体资格,基本条件是否符合要求。

(2) 经营状况:主要是借款人近年的生产、销售、效益情况和发展前景预测。

(3) 财务状况:主要是借款人近年的资产负债、资金结构、资金周转、盈利能力、现金流量等现状及变化。

(4) 信誉状况:主要是借款人有无拖欠金融机构的贷款本息和不良信用记录。

(5) 经营者素质:主要是法定代表人和主要领导层的学识、经历、业绩、品德和经营管理能力。

(6) 担保情况:主要是抵(质)押物的权属,价值和变现难易程度,保证人的保证资格和保证能力。

2. 贷前调查的程序和方法

一般采用查阅有关资料与实地调查相结合,定性分析和定量分析相结合的方法。贷前调查工作要求由两人(主办信贷员与协办信贷员)共同完成。

3. 调查结论

经深入细致的调查,将资料和信息进行分析和研究,形成客观、实际、公正的结论,形成报告,连同其他贷款资料一并送交审查部门审查。

二、贷中审查

审查的主要内容如下:

(1) 借款人的主体资格是否合法,有无承担民事责任能力。

(2) 借款人是否符合贷款基本条件。

(3) 借款人生产经营、财务状况、信誉状况、发展前景及内部管理是否良好。

(4) 借款用途是否合规,金额、期限、利率是否合规。

(5) 法人公章、法定代表人或授权代理人的印章、签字样本的真伪。

(6) 抵(质)押物的可靠性或保证人资格、能力的审查。

三、贷款审批

在贷款调查、审查意见的基础上,按授权权限进行审批,决定贷与不贷,贷多贷少以及贷款方式、期限和利率。

四、贷后检查

1. 建立贷款台账和贷款业务管理档案。

2. 贷后检查的主要内容:

(1) 对借款人的生产经营状况、资信状况、偿债能力及贷款使用情况定期进行检查。

（2）重点检查贷款使用情况、偿债能力变化情况和履行借款合同情况。

（3）检查抵（质）押物的现状及价值变化情况以及保证人偿债能力的变化情况。

3. 贷后管理：

（1）贷款到期前一个星期，要向借款人发出提示还贷的通知（电话提示）。

（2）贷款逾期要向借款人每月发书面催款通知，并取得回执。

（3）贷款逾期 3 个月以上，要向借款人依法收贷。

6.3.2 如何判断企业经营风险

一、拿地决策及差异

如图 6-7 所示，假设第二年的土地总供给是 120 亩。A 小组土地竞标单价是 800 万元/亩，竞标数量是 20 亩。B 小组土地竞标单价是 950 万元/亩，竞标数量是 30 亩。C 小组土地竞标单价是 900 万元/亩，竞标数量是 50 亩。D 小组土地竞标单价是 1 000 万元/亩，竞标数量是 30 亩。因为教师端操作是按照学生竞标价格由高到低分配土地，价格相同的按照上交竞标单的先后顺序。所以 D 小组先得到 30 亩，其次是 B 小组得到了 30 亩，然后是 C 小组得到了 50 亩，最后是 A 小组，虽然 A 小组土地竞标数量是 20 亩，但是目前只剩下了 10 亩土地，A 小组价格又最低，所以只能得到 10 亩土地。

房地产公司	第二年房地产公司土地竞标				
	A	B	C	D	E
本年计划供地（亩）	120				
各公司获得土地（亩）	10	30	50	30	
各公司应付土地款（万）	8000	28500	45000	30000	0
土地竞标单价（万）	800	950	900	1000	
土地竞标数量（亩）	20	30	50	30	
	第一年	第二年			
土地竞标均价（万）		929			
政府供地总量（亩）		120			

图 6-7 第二年房地产公司土地竞标

通过以上对四家房地产公司的土地竞标决策分析我们发现 A 和 D 分别面临着土地获取数量不足，预期规模无法达到以及土地成本过高的风险。

房地产企业该以多少价格拿土地呢？

首先要确定最高可承受土地成本。例如，假定商品房报价是 190 万元，毛利约为（售价 190 万元-土地成本 X 万元-建安成本 30 万元-景观投入 10 万元-规划设计费 19 万元-增值税约 3 万元）。如果希望保持 15%（即 28.5 万元）的毛利率，则土地成本至多应为 995 万元/亩。

若此时考虑固定费用摊销，假定：20 亩全建商品房，全部销售完，售价 190 万元，毛利约为[（售价 190 万元-土地成本 X 万元-建安成本 29 万元-景观投入 10 万元-规划设计费 19 万元-增值税约 3 万元）×200 套-管理费用 2 500 万元-广告费 1 000 万元-团队工资奖金 2 000 万元-利息成本 1 400 万元],如果希望保持 15%(即 5 700 万元)的毛利率,则土地成本至多应为 660 万元/亩。

还需考虑其他房地产公司的土地竞标决策,否则就和上述 A 组一样拿不到自己想要的土地数量,出现重大决策失误而导致经营风险。

二、资金来源差异

资金主要来源是向银行贷款。一般是企业私下与银行谈判,定好优惠利率。尽量降低利息成本。向银行无法贷到款时可能会产生企业委托贷款(利率自行商定,需额外支出一笔中间委托银行的代理费),甚至产生高利贷(利率 30%)。

以下是以第二年某班级数据为例,如表 6-5 所示。

表 6-5　某班级数据

公司	A 房地产公司	B 房地产公司
主营业务收入(万元)	46 900	51 300
财务费用(万元)	2 500	5 700
净利润(万元)	3 300	-2 500

经过分析对比我们发现 B 公司和 A 公司相比,主营业务收入高出 4 400 万元,但净利润却比 A 低了 5 800 万元。经过对这两家公司的损益表对比,我们发现 B 公司的财务费用高出了 3 200 万元,其余环节的成本差距不是很大。调查后发现 B 公司在年初资金规划时计算错误,导致贷款金额错误,建房时建安费缺少 4 000 多万元,此时各银行经过一轮放贷额度已经用完。其余房地产企业也没有多余的资金,无奈,B 房地产企业只能发起高利贷,承担了高额的财务费用。

正是由于资金来源的差异导致的两家企业截然不同的局面,所以银行需要通过资金来源辨别企业经营过程是否存在风险。

三、营销各决策及结果差异

广告费占比应小于毛利率,换言之,广告费用带来的销售收入应超过同期产品利润率。

例如,第一年商品房利润率是 10%,如果商品房广告投入 1 000 万元,带来的税后收入增加超过 10 000 万元,则是明智的,否则,会降低同期产品利润率。

(1) 广告策略。假定第二年房地产公司商品房报价均为 190 万元,别墅均为 900 万元,广告费与订单结果如图 6-8 所示。

C 公司比 B 公司多投 500 万元广告多获得 10 套商品房订单和 2 套别墅订单。

报价 190 万元,每套商品房毛利(190 万元-土地 80 万元-建安费 30 万元-景观 10 万元-规划设计费 19 万元-增值税约 5 万元)约为 46 万元。

报价 900 万元,每套别墅毛利(900 万元-土地 400 万元-建安费 50 万元-景观 50 万元-规划设计费 90 万元-增值税约 30 万元)约为 280 万元。

多投 500 万元广告多获得总毛利为:46 万元×10 套商品房+280 万元×2 套别墅 = 1 020万元。

	第二年订单竞标					
房地产公司	A	B	C	D	E	F
商品房报价(万元)	190	190	190	190		
别墅报价(万元)	900	900	900	900		
广告费(万元)	100	500	1000	1500		
品牌效应	657	1057	1557	2057	200	200
实际商品房订单(套)	230	240	250	260	0	0
实际别墅订单(套)	12	14	16	16	0	0

图 6-8 第二年广告费与订单结果 1

这个时候广告费的投入是值得的。

广告策略:假定第二年房地产公司商品房报价均为 150 万元,别墅均为 700 万元,广告费与订单结果如图 6-9 所示。

	第二年订单竞标					
房地产公司	A	B	C	D	E	F
商品房报价(万元)	150	150	150	150		
别墅报价(万元)	700	700	700	700		
广告费(万元)	100	500	1000	1500		
品牌效应	657	1057	1557	2057	200	200
实际商品房订单(套)	320	340	350	360	0	0
实际别墅订单(套)	20	24	26	26	0	0

图 6-9 第二年广告费与订单结果 2

C 公司多投 500 万元广告多获得 10 套商品房订单和 2 套别墅订单。

若报价为 150 万元,每套商品房毛利(150 万元-土地 80 万元-建安费 30 万元-景观 10 万元-规划设计费 15 万元-增值税约 1.5 万元)约为 13.5 万元。

若报价为 700 万元,每套别墅毛利[700 万元-土地 400 万元-建安费 50 万元-景观 50 万元- 规划设计费 70 万元-增值税约 13 万元]约为 117 万元。

500 万元广告多获得总毛利为:13.5 万元×10 套商品房+117 万元×2 套别墅 = 369 万元。

当房屋销售价格过低时,广告费投入大于带来的收益。所以这个时候投入广告费是不值得的。

(2) 报价策略。报价越低获得的订单越多,那是不是报价越低越好或者越高越好呢?

如图 6-10 所示,可以看到商品房报价从 150 万元向 200 万元依次增加,获得的商品房订单数量依次减少。

假定景观费、土地成本、预计利息和中间业务费、预计营销费保持一致。经过计算不同售价下的预计利润总额发现利润最高的时候却是在商品房报价 170 万元的时候,既不是最高也不是最低。如图 6-11 所示。

同理别墅的各项成本假定一致,预计利润总额最高的时候也不是在最高价或者最低价。如图 6-12 所示。

(3) 景观费策略。商品房如果 190 万元报价,约可以获得 190 套订单。每亩地每增

	第二年订单竞标					
房地产公司	A	B	C	D	E	F
商品房报价(万元)	150	170	190	200		
别墅报价(万元)	1000	900	800	700		
广告费(万元)	1000	1000	1000	1000		
品牌效应	1557	1557	1557	1557	200	200
实际商品房订单(套)	600	330	190	150	0	0
实际别墅订单(套)	10	14	20	30	0	0

图 6-10　报价与订单结果

利润总额测算(商品房)				
每套商品房售价(万元/套)	150	170	190	200
景观(万元/亩)	100	100	100	100
土地成本(万元/亩)	800	800	800	800
预计本年销售商品房(套)	600	330	190	150
本年团队个数	2	2	2	2
预计利息和中间业务费(万元)	1800	1800	1800	1800
预计营销费(万元)	1000	1000	1000	1000
以上固定费用分摊比例(%)	100%	100%	100%	100%
预计利润总额(万元)	808	2511	1430	808

图 6-11　商品房利润测算结果

利润总额测算(别墅)				
每套别墅售价(万元/套)	1000	900	800	700
景观(万元/亩)	100	100	100	100
土地成本(万元/亩)	800	800	800	800
预计本年销售别墅(套)	10	14	20	30
本年团队个数	2	2	2	2
预计利息和中间业务费(万元)	1800	1800	1800	1800
预计营销费(万元)	1000	1000	1000	1000
以上固定费用分摊比例(%)	100%	100%	100%	100%
预计利润总额(万元)	-3696	-3529	-3732	-4678

图 6-12　别墅利润测算结果

加 50 万元景观投资,销售量将增加 6 套[190×3%],为 196 套(见表 6-6)。

表 6-6　报价 190 万元下不同景观费投入的结果

景观费投入	100 万元/亩	150 万元/亩
商品房销售量	190 套	196 套
每套商品房毛利	(190 万元-土地 80 万元-建安费 30 万元-景观 10 万元-规划设计费 19 万元-增值税约 5 万元)约为 46 万元	(190 万元×1.03-土地 80 万元-建安费 30 万元-景观 15 万元-规划设计费 19 万元×1.03-增值税约 5 万元)约为 46.13 万元。
总毛利	46 万元×190 套=8 740 万元	46.13 万元×196 套=9 041.48 万元

投资回报率=(每亩地增加50万元景观投入的毛利9 041.48万元-每亩地不增加景观投入的毛利8 740万元)/(景观费每亩增加投入50万元×增加景观费情况下销售量占用的土地数量20亩)≈30.15%

商品房如果150万元报价,约可以获得600套订单。每亩地每增加50万元景观投资,销售量将增加18套[600×3%],为618套(见表6-7)。

表6-7 报价150万元下不同景观费投入的结果

景观费投入	100万元/亩	150万元/亩
商品房销售量	600套	618套
每套商品房毛利	(150万元-土地80万元-建安费30万元-景观10万元-规划设计费15万元-增值税1.5万元)约为13.5万元	(150万元×1.03-土地80万元-建安费30万元-景观15万元-规划设计费15万元×1.03 -增值税1.5万元)约为12.55万元
总毛利	13.5万元×600套=8 100万元	12.55万元×618套=7 755.9万元

投资回报率=(每亩地增加50万元景观投入的毛利7 755.9万元-未增加景观投入的毛利8100万元)/(景观费每亩增加50万元×增加景观费的情况下销售量占用的土地数量62亩)= -11.1%

四、商品房与别墅房的比例差异

房地产公司应该修建商品房和别墅分别多少套呢?商品房和别墅的修建比例策略失误也会产生经营风险。

参见图6-13和图6-14,假定一家房地产公司只修建商品房或者只修建别墅,固定经营成本不变,修建商品房还是修建别墅利润总额高?

利润总额测算(商品房)				
每套商品房售价(万元/套)	150	170	190	200
景观(万元/亩)	100	100	100	100
土地成本(万元/亩)	800	800	800	800
预计本年销售商品房(套)	600	330	190	150
本年团队个数	2	2	2	2
预计利息和中间业务费(万元)	1800	1800	1800	1800
预计营销费(万元)	1000	1000	1000	1000
以上固定费用分摊比例(%)	100%	100%	100%	100%
预计利润总额(万元)	808	2511	1430	808

图6-13 商品房利润总额

经过上面的比较,我们发现别墅平均利润率高,但市场较小,很显然在本实验中一家房地产公司只经营别墅或者只经营商品房是不明智的。那么修建别墅多一些还是商品房多一些对公司的稳健发展更有意义?

以下以房地产A公司和房地产B公司第二年经营数据为例。假定土地成本、利息成本、固定经营成本、建安成本、景观投入、广告投入均一致。两家公司市场战略分别为:

A公司认为商品房市场规模大,以较低的售价去占领商品房市场,投入较多的土地修

利润总额测算（别墅）				
每套别墅售价（万元/套）	1000	900	800	700
景观（万元/亩）	100	100	100	100
土地成本（万元/亩）	800	800	800	800
预计本年销售别墅（套）	10	14	20	30
本年团队个数	2	2	2	2
预计利息和中间业务费（万元）	1800	1800	1800	1800
预计营销费（万元）	1000	1000	1000	1000
以上固定费用分摊比例（%）	100%	100%	100%	100%
预计利润总额（万元）	-3696	-3529	-3732	-4678

图 6-14　别墅利润总额

建商品房。对于别墅市场采取了高价策略获得少量高端市场。

B 公司认为别墅市场利润率高，以较低价格占领别墅市场，商品房市场则采用较高价格占领部分市场。

图 6-15 是房地产 A 公司和房地产 B 公司以及另外两家房地产公司订单竞标结果。

	第二年订单竞标					
房地产公司	A	B	C	D	E	F
商品房报价（万元）	180	200	200	200		
别墅报价（万元）	1000	700	1000	1000		
广告费（万元）	100	100	100	100		
品牌效应	709	709	709	300	200	200
实际商品房订单（套）	220	130	130	120	0	0
实际别墅订单（套）	10	28	10	8	0	0
团队个数	2	2	2	2	2	2
每亩商品房景观投入（万元）	100	100	100	100		
商品房景观投入获得的溢价	0%	0%	0%	0%	-6%	-6%
每亩别墅景观投入（万元）	100	100	100	100		
别墅景观投入获得的溢价	0%	0%	0%	0%	-6%	-6%

图 6-15　各房地产公司报价及订单竞标结果

如图 6-16 和图 6-17 所示，房地产 A 公司按照市场需求投入相应的土地修建 220 套商品房和 10 套别墅，总共用地 27 亩，建成后交房，最终第二年净利润为 1 800 万元。

如图 6-18 和图 6-19 所示，房地产 B 公司按照市场需求投入相应的土地修建 130 套商品房和 28 套别墅，总共用地 27 亩，建成后交房，最终第二年净利润为 3 300 万元。

通过对修建商品房和别墅比例决策的对比我们发现 A 公司如不及时转型就会陷入经营风险。

6.3.3　如何判断企业财务风险

理论上判断企业财务风险的具体表现中，大都涉及以下三类指标（收益性指标，流动性指标和安全性指标）中的一些重要指标。

（1）收益性指标。收益性指标分析的目的在于观察公司在一定时期的收益和获利能力。收益性指标主要包括总资产收益率、净资产收益率、毛利率等 。

销售竞标与施工交付

填写说明：请在每一年的发生金额一栏中填写数字后将自动生成报表，未发生就填0。数字前面不能用“+”或“-”号，也不用公式形
发生金额为1000万元，只需填写1000。请勿更改此表名称结构和任何步骤，现金余额一栏将自动计算。

序号	经营步骤		责任人	填写单据	第一年	第二年
2	工程实施	城市基础设施与配套工程投入技术设计费	运营经理	无	0	
		支付城建工程的建安费			0	
		投入土地修建商品房，投入的土地数量为（亩）			16	22
		修建商品房的土地价值筹码随土地一起移动，金额为			14400	19800
		投入土地修建别墅，投入的土地数量为（亩）			4	5
		修建别墅的土地价值筹码随土地一起移动，金额为			3600	4500
		支付商品房的建安费，并用土地与土地价值筹码+建安费换取商品房筹码			4700	6200
		支付别墅的建安费，并用土地与土地价值筹码+建安费换取别墅筹码			400	500
3	订单竞标与交货	订单竞标，填写订单竞标单，支付广告费			1000	100
		订单竞标，商品房的每亩景观设计报价（万元/亩）			250	100
		订单竞标，别墅的每亩景观设计报价（万元/亩）			250	100
		实际交货的商品房数量（套）			160	220
		实际交货的别墅数量（套）			8	10
		实际交货的限价房数量（套）			0	0

图 6-16　房地产 A 公司的销售竞标与施工交付

损益表　单位:万元

项目	第一年	第二年	第三年
一、不含税主营业务收入(商品房、别墅、限价房和城建工程)	38600	43200	0
不含税主营业务收入(转让土地)	0	0	0
减：所售商品房、别墅、限价房土地费	18000	21800	0
各类工程建安费（不含税）	4600	4700	0
转出土地的成本	0	0	0
城建工程技术设计费用（不含税）	0	0	0
景观费与规划设计费（不含税）	8200	6600	0
二、毛利	7800	10100	0
减：管理费用	4500	4500	2000
营销费用（不含税）	900	100	0
财务费用	1800	2500	0
三、营业利润	600	3000	-2000
加：投资理财收益	0	0	0
加：营业外净收益	0	-600	0
四、利润总额	600	2400	-2000
减：所得税	200	600	0
五、净利润	400	1800	-2000

图 6-17　房地产 A 公司损益表

（2）流动性指标。流动性指标分析的目的在于观察公司在一定时期的资金周转情况，是对公司资金活动的效率分析，具体要计算各种资金的周转期或周转率，分析其运用效率，这是对资金的动态分析。流动性指标主要包括资金周转率等。

（3）安全性（偿债能力）指标。安全性指标是指公司经营的安全程度，也可以说是资金流动的安全性。安全性指标分析的目的在于观察公司在一定时期的偿债能力状况。一

销售竞标与施工交付

填写说明：请在每一年的发生金额一栏中填写数字后将自动生成报表，未发生就填0。数字前面不能用"+"或"-"号，也不用公式形
发生金额为1000万元，只需填写1000。请勿更改此表名称结构和任何步骤，现金余额一栏将自动计算。

序号	经营步骤		责任人	填写单据	第一年	第二年
2	工程实施	城市基础设施与配套工程投入技术设计费	运营经理	无	0	
		支付城建工程的建安费			0	
		投入土地修建商品房，投入的土地数量为（亩）			16	13
		修建商品房的土地价值筹码随土地一起移动，金额为			14400	11700
		投入土地修建别墅，投入的土地数量为（亩）			4	14
		修建别墅的土地价值筹码随土地一起移动，金额为			3600	12600
		支付商品房的建安费，并用土地与土地价值筹码+建安费换取商品房筹码			4700	3800
		支付别墅的建安费，并用土地与土地价值筹码+建安费换取别墅筹码			400	1400
3	订单竞标与交货	订单竞标，填写订单竞标单，支付广告费			1000	100
		订单竞标，商品房的每亩景观设计报价（万元/亩）			250	100
		订单竞标，别墅的每亩景观设计报价（万元/亩）			250	100
		实际交货的商品房数量（套）			160	130
		实际交货的别墅数量（套）			8	28
		实际交货的限价房数量（套）			0	0

图 6-18　房地产 B 公司销售竞标与施工交付

损益表　单位：万元

项目	第一年	第二年	第三年
一、不含税主营业务收入（商品房、别墅、限价房和城建工程）	38600	46900	0
不含税主营业务收入（转让土地）	0	0	0
减：所售商品房、别墅、限价房土地费	18000	21900	0
各类工程建安费（不含税）	4600	6000	0
转出土地的成本	0	0	0
城建工程技术设计费用（不含税）	0	0	0
景观费与规划设计费（不含税）	8200	6900	0
二、毛利	7800	12100	0
减：管理费用	4500	4500	2000
营销费用（不含税）	900	100	0
财务费用	1800	2500	0
三、营业利润	600	5000	-2000
加：投资理财收益	0	0	0
加：营业外净收益	0	-600	0
四、利润总额	600	4400	-2000
减：所得税	200	1100	0
五、净利润	400	3300	-2000

图 6-19　房地产 B 公司损益表

般说来，收益性越好，安全性越高。但在有的情况下，收益性高，资金流动却存在问题。安全性指标主要包括流动比率、速动比率、资产负债率、权益乘数等。

本实验将提取以下指标对企业的偿债能力、盈利能力和负债水平进行分析：

第一年按任务清单操作，所以每个企业相同指标的值是相同的（如图 6-20 所示）。

每个指标具体计算如下：

① 偿债能力

		权重	第一年房地产贷款综合评价表							
			A		B		C		D	
			指标	得分	指标	得分	指标	得分	指标	得分
偿债能力	流动比率	5%	190.59%	5.0	190.59%	5.0	190.59%	5.0	190.59%	5.0
	速动比率	5%	190.59%	5.0	190.59%	5.0	190.59%	5.0	190.59%	5.0
盈利能力	销售利润率	5%	1.55%	5.0	1.55%	5.0	1.55%	5.0	1.55%	5.0
	总资产利润率	5%	1.85%	5.0	1.85%	5.0	1.85%	5.0	1.85%	5.0
负债水平	净资产负债率	5%	110.39%	5.0	110.39%	5.0	110.39%	5.0	110.39%	5.0
	总资产负债率	5%	52.47%	5.0	52.47%	5.0	52.47%	5.0	52.47%	5.0

图 6-20　第一年房地产贷款综合评价表

$$\text{流动比率}=\frac{(\text{流动资产合计}-\text{国债投资}-\text{金融债投资}-\text{股票与股权投资})}{\text{负债合计}} \quad (6.1)$$

$$\text{速动比率}=\frac{(\text{现金}+\text{银行存款}+\text{应收款})}{\text{负债合计}} \quad (6.2)$$

第一年年末流动资产总计＝年末现金+银行存款＝2 400 万元+30 000 万元＝32 400 万元

国债投资、金融债投资、股票与股权投资、应收款为 0

负债合计＝银行贷款 7 000 万元（初始状态）+银行贷款 10 000 万元（第一年贷的）＝17 000 万元

第一年：流动比率＝速动比率＝32 400 万元/17 000 万元×100%≈190.59%

② 盈利能力

$$\text{销售利润率}=\frac{\text{利润总额}}{\text{主营业务收入之和}} \quad (6.3)$$

销售利润率＝600 万元/38 600 万元×100%≈1.55%

$$\text{总资产利润率}=\frac{\text{利润总额}}{\text{资产总计}} \quad (6.4)$$

销售利润率＝600 万元/32 400 万元×100%≈1.85%

③ 负债水平

$$\text{净资产负债率}=\frac{\text{负债合计}}{\text{所有者权益}} \quad (6.5)$$

净资产负债率＝17 000 万元/15 400 万元×100%≈110.39%

$$\text{总资产负债率}=\frac{\text{负债合计}}{\text{资产总计}} \quad (6.6)$$

总资产负债率＝17 000 万元/32 400 万元×100%≈52.47%

注：以上数据来源于电子分析工具公司报表的损益表和资产负债表模块

以第二年为例分析各家公司各项财务指标不同的背后原因，以及站在银行角度分析这些指标不同会导致的风险。具体数据见图 6-21。

① 偿债能力

速动比率最高的是 D 公司为 130%，最低的是 C 公司为 100.17%。

从银行的视角而言，速动比率高低能直接反映企业的短期偿债能力强弱，它是对流动比率的补充，并且比流动比率反映得更加直观可信。如果流动比率较高，但流动资产的流

		第二年房地产贷款综合评价表								
		权重	A		B		C		D	
			指标	得分	指标	得分	指标	得分	指标	得分
偿债能力	流动比率	5%	100.17%	3.7	134.50%	5.0	109.80%	4.1	130.00%	4.8
	速动比率	5%	98.33%	3.8	125.75%	4.8	90.00%	3.5	130.00%	5.0
盈利能力	销售利润率	5%	-14.64%	0.0	-3.12%	0.0	-26.52%	0.0	-22.54%	0.0
	总资产利润率	5%	-15.29%	0.0	-2.97%	0.0	-19.13%	0.0	-16.41%	0.0
负债水平	净资产负债率	5%	1111.11%	0.0	289.86%	5.0	1020.41%	0.6	333.33%	4.7
	总资产负债率	5%	91.74%	0.0	74.35%	0.0	91.07%	0.0	76.92%	0.0

图 6-21　第二年房地产贷款综合评价表

动性却很低，则企业的短期偿债能力仍然不高。在流动资产中现金、银行存款和应收款可以在短期内变现，而存货、待摊费用等项目变现时间长，特别是存货可能发生积压、滞销等情况，其流动性较差，因此流动比率较高的企业，并不一定偿还短期债务的能力强，而速动比率避免了这种情况的发生。速动比率一般应保持在100%以上。

② 盈利能力

销售利润率和总资产利润率最优的是B，最差的是C。

从银行的视角而言，企业的销售利润率表明企业经营活动的盈利能力。销售收入越大，成本越低，则企业的获利水平——销售利润率越高。在此要特别关注销售营业现金流入比率，销售营业现金流入比率=营业现金流入量/销售收入净额。因为只有当应计现金流入量成为实际的现金流入量时，才表明销售收入的真正实现。因此，通过分析营业现金流入量对销售收入的比率，能够对企业销售收入的质量有一个较为深入的了解，以便发现问题，不断优化销售方针，加大收账力度，在实现销售收入良性增长的同时，减小以至消除财务危机的隐患。

而总资产利润率是表示公司的挣钱能力。总资产利润率越高，公司的挣钱能力越强；反之，则比较弱。但最好结合其他数据来综合使用。

③ 负债水平

净资产负债率最高的是公司A，最低的是公司B。

从银行的视角而言，净资产负债率也称为债务股权比率，反映由债权人提供的资本与股东提供的资本的相对关系，反映公司财务结构是否稳定。

总资产负债率是衡量公司负债水平及风险程度的重要标志。对投资人或股东来说，负债比率较高可能带来一定的好处。（财务杠杆、利息税前扣除、以较少的资本（或股本）投入获得公司的控制权）；从债权人（银行）的角度看，总资产负债率越低越好。一般认为，总资产负债率的适宜水平是40%~60%。

6.3.4　如何判断公司非财务风险

随着市场经济的发展，公司间的竞争越来越激烈。除了投资者和债权人关注公司业绩，其他利益相关者对公司的经营业绩也十分关注。学术界以及实践界越来越意识到单纯的财务指标评价体系具有的局限性愈发突出，财务指标评价及分析作为一种较为传统的公司业绩评价方法，不能全面反映公司内在的核心竞争力。公司的经营者过度依赖企业的财务指标,借助于财务报表进行分析研究,而忽视了公司的非财务指标和可持续发展的要求,严重阻碍了公司的长期稳定发展。所以,非财务指标在公司业绩评价体系中起着极其重要的作用。

交通银行贷款项目信贷评估报告涉及非财务的主要有以下四项内容:

(1) 项目受理情况(包括业务受理背景、评估工作情况及主要依据);

(2) 项目基本信息和评估指标摘要表;

(3) 贷款项目的评估结论(包括项目的主要竞争优势和劣势);

(4) 贷款的主要潜在风险及建议采取的主要风险防范措施;是否建议提供贷款,贷款的金额、期限、利率及贷款条件)。

本实验将从管理层素质、市场竞争力和公司经营前景三方面来体现和量化非财务指标。

以第一年为例,分析各公司的非财务指标(见图 6-22)。

			第一年房地产贷款综合评价表							
		权重	A		B		C		D	
			指标	得分	指标	得分	指标	得分	指标	得分
管理层素质	高管道德	5%	0	5.0	0	5.0	0	5.0	0	5.0
	公司治理规范性	10%	10		10		10		10	
	经营风格	5%	0.02	5.0	0.02	5.0	0.02	5.0	0.02	5.0
	政府关系	5%		0.0		0.0		0.0		0.0
市场竞争力	公司行业地位	5%	1400	5.0	1400	5.0	1400	5.0	1400	5.0
公司经营前景	净利润(万)	10%	400	10.0	400	10.0	400	10.0	400	10.0
	净利润增长额	0								
	经营性现金流量(万)	10%	19600	10.0	19600	10.0	19600	10.0	19600	10.0
	经营性现金流量增长额	0								
	主营业务收入(万)	10%	38600	10.0	38600	10.0	38600	10.0	38600	10.0
	主营业务收入增长额(万)	0								

图 6-22 第一年各项非财指标数据

1. 管理层素质

(1) 高管道德。用历年违约罚金和违规操作罚金表示。

第一年没有违规操作,得分满分。

(2) 公司治理规范性。用上年“经营完成速度”排名。

此处数据来源于团队评分中的业务完成规范(速度)分值。

(3) 经营风格。用上年销售费用率计算,比率越高,表示越冒险。

$$销售费用率=\frac{营销费用(不含税)}{业务收入(不含税)} \tag{6.7}$$

第一年营销费 1 000 万元,营销费用(不含税)1 000 万元/[1+6%(广告行业的增值税)]≈943.4 万元。

第一年不含税业务收入:38 600 万元。

销售费用率=943.4 万元/38 600 万元≈0.02。

(4) 银保监会关系。用上年拿地价格计算。

第一年没有拿地,都记 0 分。

2. 市场竞争力

公司的行业地位。用上年品牌效应计算,最高者得5分,依次递减1分(见图6-23)。

	第一年订单竞标				
房地产公司	A	B	C	D	
商品房报价(万)	190	190	190	190	
别墅报价(万)	900	900	900	900	
广告费(万)	1000	1000	1000	1000	
品牌效应	1400	1400	1400	1400	1

图6-23　第一年各公司品牌效应

3. 公司前景

(1) 利润总额。来源于房地产企业损益表,利润总额越高,表示公司经营越好。

(2) 利润增长额越高,表示公司前景越好。

(3) 经营性现金流量:来源于房地产企业现金流量表,经营性现金流量越高,表示公司经营越好。

(4) 经营性现金流量增长额越高,表示公司前景越好。

(5) 主营业务收入。来源于房地产企业损益表,主营业务收入越高,表示公司经营越好。

(6) 主营业务收入增长额越高,表示公司前景越好。

6.4 案　　例

【案例一】

某国有银行企业信用评级指标体系

某国有银行评价的对象是指已经或可能为之提供信贷服务的非金融类企业法人,通过评估,就客户的偿债能力做出全面判断,以评定信用等级。

企业信用等级分为7级,各级意义如下。

AAA级:企业生产经营规模达到一定经济规模,市场竞争力很强,有很好的发展前景,流动性很好,管理水平很高,具有很强的偿债能力,对银行的业务发展很有价值。

AA级:企业市场竞争力很强,有很好的发展前景,流动性很好,管理水平高,具有强的偿债能力,对银行的业务发展有价值。

A级:企业市场竞争力强。有较好的发展前景,流动性好,管理水平较高,具有较强的偿债能力,对银行的业务发展有一定价值。

BBB级:企业市场竞争力一般,发展前景一般,流动性一般,管理水平一般,企业存在需要关注的问题,偿债能力一般,具有一定风险。

BB级:企业市场竞争力、流动性和管理水平较差,发展前景较差,偿债能力较弱,风险较大。

B级:企业市场竞争力、流动性和管理水平很差,不具有发展前景,偿债能力很弱,风险很大。

F 级:不符合国家环境保护政策、产业政策和银行信贷政策的企业,或贷款分类结果属于可疑或损失类的企业。

企业信用等级根据企业评估指标得分评定,F 级企业不评分,根据评估条件直接评定。企业信用等级评定依据如表 6-8 所示。

表 6-8 企业信用等级总评分依据

信用等级	总得分 S	市场竞争力得分 C	流动性得分 L	管理水平得分 M	其他 P	说明
AAA	$70 \leqslant S$	$15 \leqslant C$	$15 \leqslant L$	$15 \leqslant M$	不限定	单项分不满足条件的下调一级
AA	$60 \leqslant S<70$	$12 \leqslant C$	$12 \leqslant L$	$12 \leqslant M$	不限定	
A	$50 \leqslant S<60$	$9 \leqslant C$	$9 \leqslant L$	$9 \leqslant M$	不限定	
BBB	$45 \leqslant S<50$	不限定	不限定	不限定	不限定	
BB	$40 \leqslant S<45$	不限定	不限定	不限定	不限定	
B	$S<40$	不限定	不限定	不限定	不限定	
F	不符合国家环境保护政策、产业政策和银行信贷政策的客户或贷款分类结果为可疑和损失的客户					

企业信用等级有效期为一年,从审批认定之日起计算。在有效期内,企业经营状况发生重大变化,例如重大建设项目、重大体制改造、重大法律诉讼和对外担保、重大人事调整、重大事故及赔偿等对企业履约能力有一定影响,将重新评级。评价坚持客观公正、实事求是的原则,采取定量分析与定性分析相结合的方法,主要从企业的市场竞争力(如表 6-9 所示)、资产流动性(如表 6-10 所示)、管理水平(如表 6-11 所示)和其他(如表 6-12 所示)等 4 个方面评定,共有 16 项指标。

表 6-9 市场竞争力(C)计分标准

指标	计分标准
经营环境(5 分)	企业得到国家、地方的多方面支持,交通、信息等外部条件很好,所在行业竞争环境、地区法律环境好得 5 分;虽然得到一定的支持,但条件有限,环境一般得 2 分;经营环境不好不得分
经营设施的先进性(5 分)	采用的技术手段、技术设备、经营装备等很先进,企业的经营设施良好,带给企业较强的竞争优势得 5 分;使企业具有竞争优势的得 4 分;经营设施处于中上水平得 3 分,经营设施一般 2 分;较差不得分
质量管理体系(5 分)	通过 ISO9000 系列质量管理认证或未参加认证但企业有严格、规范的质量管理制度得 5 分;有规范的质量管理制度得 4 分;有较规范的质量管理制度得 3 分;企业质量管理体系不完善得 1 分;没有质量管理体系不得分
市场拓展和销售渠道(5 分)	企业市场拓展能力强,拥有很好的销售网络和经营渠道,运作良好得 5 分;市场拓展能力较好,具有较好的经营渠道得 4 分;市场拓展能力一般,销售网络和经营渠道初具规模得 3 分;市场拓展能力较差,销售网络和经营渠道存在一定问题得 1 分;市场拓展能力差,缺乏有效的经营渠道不得分

表 6-10　流动性(*L*)计分标准

指标	计分标准	计算公式
流动比率(5分)	5×(比率-不允许值)/(满意值-不允许值)	流动比率=流动资产/流动负债×100%
速动比率(5分)	5×(比率-不允许值)/(满意值-不允许值)	速动比率=(流动资产-存货)/流动负债×100%
应收账款周转率(5分)	5×(比率-不允许值)/(满意值-不允许值)	应收账款周转率=产品销售收入净额/(应收账款平均余额+应收票据余额)×100%
本息保障倍数(5分)	5×(比率-不允许值)/(满意值-不允许值)	本息保障倍数=[利润总额+折旧+摊销+财务费用-(应收账款增加+应收票据增加-应付账款增加-应付票据增加)]/(财务费用+本年度到期的借款)

表 6-11　管理水平(*M*)计分标准

指标	计分标准	计算公式
主要管理人员的素质和经验(5分)	企业领导人有丰富的管理经验,管理能力很强,经营历史业绩显著,个人有良好社会声誉得5分;企业领导人管理能力强,有较好的管理经验得4分;企业领导人管理能力强,有一定的管理经验得3分;企业领导人管理能力、管理经验一般,但其信誉较好得2分;其余不得分	
管理结构的合理性(5分)	客户有合理的班子结构(领导班子年龄结构合理、文化程度较好,专业水平高、勇于开拓创新等),领导班子团结,相对稳定,信息流通顺畅,内部监督制度完善,激励约束制度健全,人力资源配置合理得5分;上述方面较好,但存在某些不足得4分;上述各方面中个别方面存在一定的缺陷得2分;在上述各方面存在较大缺陷不得分	
资产报酬率(5分)	5×(比率-不允许值)/(满意值-不允许值)	资产报酬率=[(利润总额-财务费用)/年平均总资产]×100%
贷款本息按期偿还率(5分)	5×(比率-不允许值)/(满意值-不允许值)	贷款本息按期偿还率=(当期归还银行贷款本息数额/当期累计应归还银行贷款本息数额)×100%

表 6-12 其他指标(*F*)的计分标准

指标	计分标准
资产负债率(5分)	5×(比率-不允许值)/(满意值-不允许值)
销售收入(5分)	销售收入有稳定的来源,并保持良好的增长势头得5分;收入稳定得3分;销售收入来源不稳定,下降不得分
行业的稳定性和前景分析(5分)	行业稳定且前景较好得5分;行业稳定且前景一般或行业不稳定但前景较好得3分;行业变动大且前景差不得分;其他得1分
重大事项分析	重大事项对企业有积极的正面影响,基本没有负面影响得5分;正面影响较大得3分;负面影响比较明显,企业面临很多问题不得分

在评估时,每项指标均为5分,总分为80分。定性指标参照表中计分标准评定,如与计分标准不相吻合,评估人员可根据实际情况判断定分。定量指标计算均采用年度财务报告中的数据,采用"比率分析、功效记分"方法。比率分析是指每一项指标都采用比率形式进行比较分析;功效记分是在选定的指标体系的基础上,对每一项指标都确定一个满意值和不允许值,然后以不允许值为下限,计算各指标实际值相当满意值的程度,并转化为相应的功效分数,计算公式如下:

该指标评价得分=5×(指标的实际值-指标的不允许值)/(指标的满意值-指标的不允许值)

凡实际指标比满意值更好的得满分,比不允许值更差的得0分。各项指标的满意值和不允许值按行业分别规定如表6-13所示(其他行业从略)。

表 6-13 典型行业的满意值与不允许值

	钢铁		机械		医药		房地产开发	
	满意值	不允许值	满意值	不允许值	满意值	不允许值	满意值	不允许值
资产报酬率	7%	2%	7%	2%	8%	2%	8%	2%
贷款本息按期偿还率	100%	80%	100%	80%	100%	80%	100%	80%
资产负债率	65%	85%	65%	85%	65%	85%	70%	90%
流动比率	1.5	1	1.5	1	1.5	1	1.5	1
速动比率	1	0.5	1	0.5	1	0.5	1	0.5
本息保障倍数	1.5	1	1.5	1	1.5	1	1.5	1
应收账款周转率	8	2	8	1	2	1	0.8	0.1

【案例二】

关于某海运集装箱(集团)股份有限公司70.81亿元集团授信额度的审查意见

某银行总行去年为某海运集装箱集团核定集团授信额度30亿元,期限一年,授信对象涉及该集团28家国内企业和1家境外企业,SZ分行为集团授信牵头行,参加行包括10

家境内分行和1家境外分行(纽约)。本次SZ分行根据某海运集装箱集团申请,拟在维持原30亿元额度基础上,对境内八家子公司新增远期结售汇额度3 000万美元(折合人民币2.31亿元),对香港分公司新增额度5亿美元(折合人民币38.5亿元),合计额度70.81亿元。30亿期限一年,新增的额度期限为3年。总行公司部已经出具意见,同意SZ分行上报的集团授信安排。

某海运集装箱集团成立于1980年,主要经营现代化交通运输装备制造和销售业务,包括集装箱、道路运输车辆、空港设备包括旅客登机桥、航空货物处理系统等交通运输设备的设计、制造、销售及服务。除此之外,还经营木业、房地产等业务。公司是世界最大品种最齐全的集装箱制造商,自1996年起,集装箱产销量连续11年排名世界第一,市场占有率超过50%。公司第一大股东为2家国有大型集团公司,占股均为16.23%。

表6-14 近两年年业绩对照表(合并) 单位:亿元

	2006.06	2005.06	变动
主营业务收入	331.7	309.6	7.1%
主营业务利润	44.5	50.6	-12.1%
毛利率	13.4%	16.3%	-2.9
净利润	27.7	26.7	3.7%
净资产收益率	24.29%	28.23%	-3.94
总资产	229.2	171.7	-
权益	111.2	94.6	17.5%
负债率	47.8%	44.9%	2.9
银行借款	16.6	7.7	8.9
流动比	1.49	1.78	
经营现金流	13.0	53.2	
投资现金流	-18.7	-16.6	
融资现金流	-2.5	-22.7	

集团本部没有业务收入,但在资金上拥有集中调配权,本部调拨给下属公司使用的资金约57.6亿元,反映在其他应收款科目。各子公司的应收账款均由本部统一收款。因此选用了公司合并报表作为分析对象。

四年前,在全球消费市场和跨国采购的带动下,国际集装箱运输市场增势强劲,主要航线运量呈两位数增长,有力地推动了该海运集装箱集团业务的发展。面对行业的高成长性和丰厚利润,当年诸多包括马士基、中海集团等航运巨头在内的众多投资者进入集装箱制造领域。然而两年前,国际船运业景气度有所转淡,集装箱需求量逐步回落,但集装箱需求从今年开始转强。去年某海运集装箱集团实现收入331.7亿元(其中道路运输车辆业务收入70.91亿元,占比21.78%),仅增长7.1%,而今年一季度已实现收入102亿元(一季度为集装箱行业传统淡季,但今年情况比较特殊,集装箱需求非常强劲),同比增长

82.1%,实现净利润5.8亿元,同比增长13.7%,今年一季度,净利润增长幅度低于主营业务收入增长幅度,主要原因是营业成本,特别是原材料成本上升、投资收益减少以及资产减值损失较去年有较大增长所致。

银行去年为该海运集装箱集团核定30亿元集团授信额度,截至今年6月30日授信余额17.77亿元,额度使用率59%。该海运集装箱集团在其他主要银行授信额度情况如下:招行30亿元人民币,进出口银行20亿元人民币、建行30亿元人民币、中行30亿元人民币、花旗1亿美元,汇丰1亿美元,渣打1亿美元,南洋商业银行1 000万美元等。公司在所有银行均保持良好信用记录,授信业务以贸易融资为主,随着集团生产车辆公司的增多,贷款占用额逐渐增多。今年3月末,公司短期借款余额23.63亿元人民币,长期借款9.95亿元人民币。

今年预计海运集装箱贸易量将在世界贸易的推动下延续增长势头,集装箱行业总体需求也将保持平稳小幅增长态势,但在细分市场方面有所不同。其中,冷藏集装箱、特种集装箱市场预计将继续健康发展,而干货集装箱市场受产能过剩因素的影响,厂商将面临激烈竞争。道路运输车辆市场方面,我国已全面开放物流领域,国外大型物流供应商加速进入中国市场后对符合国际标准的高水平新车型需求不断提升。同时,内需拉动、基础设施建设投资的扩大也带动了工程类专用车的需求。另一方面,国家计重收费制度的推广力度不断加大,新型材料运用、高性能、轻量化节能车型设计逐步得到客户认可。预计今年专用车总体需求形势将稳中向好。

该海运集装箱集团去年销售额41.59亿美元,今年第一季度销售额102亿元人民币(折合约13亿美元),若按比例推算,全年销售额可达50亿美元,其中海运集装箱装箱的销售额占比近八成,产品主要出口收取美元,而钢材、油漆及木地板等原材料的采购80%以人民币支付。因此,集团迫切需要合适的外汇理财产品减低人民币升值带来的汇兑损失。该海运集装箱集团拟以生产集装箱的子公司在深圳分行订立远期结售汇合约,同时以香港子公司与香港分行申请同额NDF额度进行配套,以对冲风险,加强集团整体外汇风险管理。

基于上述原因,公司申请在维持原30亿元额度基础上,新增远期结售汇和NDF等额度40.81亿元,总计集团授信额度70.81亿元。汇总牵头行和参加行材料,审查意见如下:

(1)集装箱制造业技术准入条件较低,属劳动密集型产业,发展主要由劳动力成本和集装箱市场需求决定,市场竞争的焦点主要集中于产品价格。从全球范围看,集装箱制造业已属成熟行业,经历了从欧美发达国家到日本、韩国,再到中国、东南亚等发展中国家的大规模产业转移。目前亚洲是世界最大的集装箱生产基地。某海运集装箱公司作为占有率保持在50%以上的全球最大集装箱生产商,生产高度国际化标准化,经营已具有相当规模,且国内劳动力价格相对低廉,使其成本具有比较优势。虽然,目前已经出现集装箱产业向更低劳动力价格地区(如印度)转移,但一段时期内某海运集装箱公司的相对垄断地位较难撼动。

(2)集装箱行业是一个典型的周期性行业,易受经济周期性影响,与国际航运业的景气程度密切相关。在过去两年集装箱行业整体大环境下,该海运集装箱干货集装箱业务在去年经受了巨大的考验,虽然采取了如成本控制、扩大营销等措施,但销售收入与前年相比下降,而且单箱获利能力下降50%左右,风险基本释放,今年业绩下降空间有限。考虑到全球经济依然运行于稳定增长的轨道以及集装箱流转效率依然偏低与集装箱化率的提高，预计干箱销量将出现约19%的增长，全年销量约160万TEU，均价约1 630美元，毛利率约10.4%。

(3) 过去5年，该海运集装箱集团主营业务收入从6年前的67.7亿元增加到去年的331.68亿元，净利润从6年前的5.43亿元增至去年的27.72亿元，增长约4倍，年均增长达37%，是该海运集装箱集团成立来发展最快的时期。在主营业务收入高速增长的同时，集团产业结构得到明显的优化。去年收入构成中，集装箱和道路运输车辆占比分别为78.10%和21.78%，分别较上年减少8个百分点和增加8个百分点。毛利率较低的干箱收入占比从上年的64.5%降至53.6%，基本实现下降至50%的预期目标，附加值较高的冷箱和特种箱分别较上年提高1个和2个百分点。集团各项业务发展前景较为乐观，抵御单一行业周期性波动的抗风险能力得到明显改善。

目前，集团除干箱外，罐箱、冷箱、特种冷箱等多个高附加值品种也已占据行业第一。在集装箱业务牢固占据行业主导地位同时，集团启动的道路运输车辆业务，已经初步形成一定的经营规模和产品系列，实现了阶段性发展战略和规划目标，同时行业地位稳步提升，产销量位居全球第一，已发展成为该海运集装箱集团的第二大业务。

(4) 今年该海运集装箱集团业务发展总体经营措施一是巩固集装箱行业领导地位，深度挖掘潜力，通过技术进步大力发展特种箱产品，为集团其他产业的发展奠定坚实基础；二是进一步完善车辆业务产业基地布局，扩大市场占有率，预计车辆业务收入较去年增长40%左右，达到99亿元；三是积极推进欧洲营运平台的搭建，发展罐式储运设备，在巩固现有的标准罐箱产品世界第一的基础上，培育具有全球竞争力的主流产品。

(5) 综合集装箱行业形势并结合公司的经营财务状况，该海运集装箱集团存在的主要问题包括：① 世界经济、特别是航运业的景气度对集装箱行业景气度有直接影响，因此航运市场的波动会直接导致其经营规模、盈利能力的波动，且去年我国干箱制造产能迅速扩大，出现产能过剩，整个行业竞争更趋激烈；② 原材料价格上涨影响盈利。集装箱的原材料主要为钢材和木材，受采购价格上涨的影响，使得原材料成本上升，主要原材料的成本呈刚性，且处于上升阶段，已影响到毛利率；汇率波动对公司收汇风险影响较大，特别是人民币汇率升值预期使得公司外销收入面临汇率损失的可能性较大；③ 集团集装箱业务的盈利能力有所下降，去年集装箱综合毛利率为12.4%，前年为16.5%，显现出去年度干箱利润率下滑对公司整体盈利能力影响较大。道路运输车辆业务毛利率为15.75%，前年为14.23%，说明该海运集装箱集团运输车辆的产销规模方面已初显成效，但由于营业费用偏高，对集团总体净利润的影响仍较小，集团对集装箱业务的盈利能力依赖度仍较高；④ 集团的总体资金周转速度有放慢迹象。应收账款去年末时点数较上年上升50%（据了解是由于四季度销量较大的原因），预付账款由上年末的9.5亿元上升至22亿元；资金来源方面，短期贷款由3亿元增至9亿元，应付票据年末时点数由上年末的8.7亿元上升至28亿元，总资产负债率提高了9个百分点；经营性净现流由前年的53亿元降至13亿元。总体其应收账款周转率有所降低，周转中需要的流动资金量增大，使得其大量运用应付票据作为短期融资工具；⑤ 车辆业务的盈利能力和稳定性尚有待加强。半挂车业务投入资金量大，收购的企业能否尽快度过磨合期，形成合力，切实能够为公司增加一个业务增长点，降低业务单一的风险，是该海运集装箱集团未来经营前景的一个关键点。

(6) 该海运集装箱集团有利于化解上述风险的主要有利因素:① 尽管国际航运市场景气度有所下降,但我国国际贸易以大量劳动密集型产品出口为主,保存一定的贸易顺差应是短期内较难改变的态势。出口的大量轻工业产品需要以集装箱为运输载体,而进口的大型机电产品则无须大量集装箱。从我国发往海外的集装箱缺乏足够的回流渠道,若直接将空箱运回,其运费甚至高于在国内出口港再购置一个新箱。上述特点客观上造成了我国较高的集装箱产量和需求量,再加上每年各大船公司和租箱公司的存量集装箱都有自然淘汰的要求,因此预计集装箱市场不会出现大幅回落,一季度集装箱市场的强劲需要也印证了这一点;② 公司为集装箱行业的龙头企业,经营适度垄断,其无论在资金、技术、管理或是基地布局、销售渠道等方面均远强于竞争对手,竞争力排名全球第一。虽然集装箱行业由于过度竞争可能降低公司的销售毛利,但价格和成本倒挂的情况应不会出现。③ 公司财务状况较为健康,今年3月末净资产127亿元,负债率51.6%,流动比1.48,应收款质量较好。④ 道路运输车辆业务方面,公司今年一季度实现销售收入19.90亿元人民币,比上年同期增长44.79%,累计销售各类车辆21,110台,比上年同期增长14.13%,显示出较好的发展态势。半挂车与集装箱产品的属性相似,目前国内对进口产品具有较强依赖,然而半挂车生产所需的车轴、支腿、牵引座等三大总成均已形成专业化生产,为公司该项业务的发展奠定了基础。预计在国家政策的推动下,公司道路运输车辆业务极可能走出一条类集装箱业务的成功道路,但预计需要一段时日。

(7) 本次集团授信对子公司授信额度总体安排较为合理,体现在对经营亏损企业授信额度有所核减,并落实担保以及对新加入集团授信企业均要求该海运集装箱集团总部或车辆集团总部担保。为进一步降低风险,我部曾要求将该海运集装箱车辆集团对道路运输车辆板块企业担保变更为由该海运集装箱集团直接提供担保,但集团反映其对集装箱和半挂车已实行分支管理,目前难以落实。鉴于该海运集装箱车辆为集团全资企业,且从该海运集装箱车辆集团履行担保责任情况分析,公司信誉较好,保证意愿真实,因此公司担保可以接受。

综上,考虑到该海运集装箱集团在产品体系、生产布局、销售网络等综合经营指标方面处于行业领先地位,具有较强竞争实力;公司经营财务状况健康,资金实力较为雄厚,负债率低,在资本市场和货币市场上融资能力很强;现有资源能够支持其业务转型,目前进展情况尚属理想;我行授信业务以国际国内贸易融资为主,业务风险相对较低;为此,拟同意给予其70.81亿元集团授信额度。要求各相关部门切实按照总行集团客户授信业务管理的相关规定,加强贷后监控,定期跟踪所授企业订单量、生产量、销售量、存货量的变化及同品种货物交易价格的历史变动等情况,判别所授企业的产销和经营财务状况的变动趋势,及时发现风险预警信号。发现异常情况应向牵头行反馈,由牵头行视情况调减授信额度同时抄报总行授信部及公司部。

授信管理部

××××年×月×日

任务:请对比案例一,总结该案例共分析了哪些财务与非财务指标。

7 商业银行消费信贷业务实验

7.1 实验要求

◆ 能够分析消费信贷与货币政策；
◆ 能够理解消费信贷所涉及的中间业务。

7.2 实验步骤

一、教师端

点击商业银行模拟经营实验总控台，点击“沙盘操作运营”选项卡，如图 7-1 所示，在进入此界面后，我们可以看到如图 7-2 所示的界面，点击“消费贷款”选项卡。

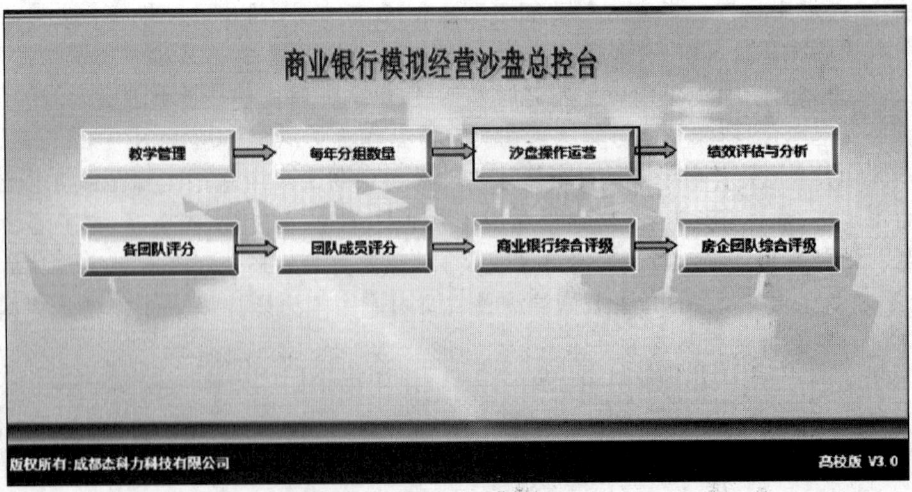

图 7-1　商业银行模拟经营实验总控台操作界面

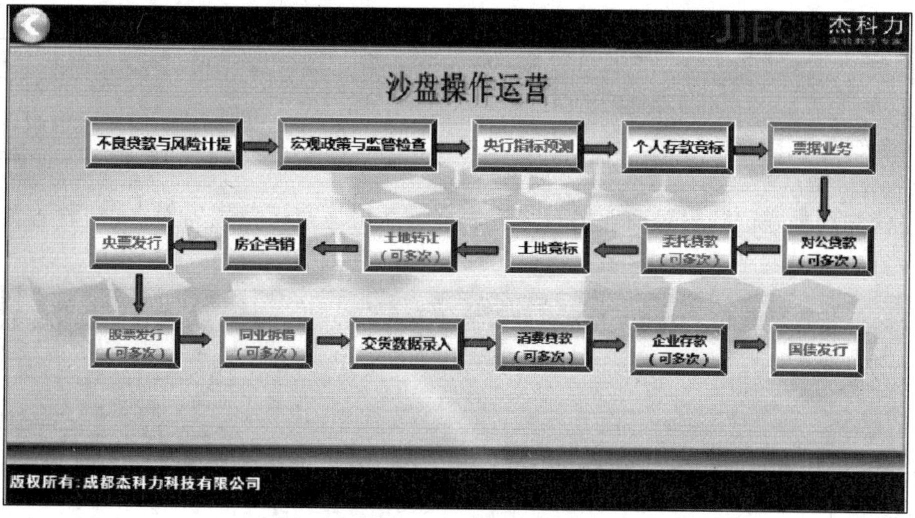

图 7-2 沙盘操作运营界面

当老师收到同学们上交的贷款单后,需要将每个银行需要的贷款金额填入消费者贷款规模中(见图 7-3),每个银行的贷款额度不得超过存贷比。最高额度占用费比例在期初的时候已经定下了,银行依据企业的风险评估等来确定实际发放的消费贷款金额。若银行在当年由于资金不足未发放给企业的消费贷款在次年补发。

	消费贷款						
	竞争规则：消费贷款规模最大的企业先选额度占用费最低的银行进行贷款，银行如果拒绝，其同等客户的额度占用费率只能依次上升。						
第一年		企业A	企业B	企业C	企业D	企业E	企业F
	消费贷款规模（万元）	28600	28600	28600	28600	0	0
		银行A	银行B	银行C	银行D	银行E	银行F
	额度（万元）	30000	30000	30000	30000		
	最高额度占用费（一次性收取，%）	2.00%	2.00%	2.00%	2.00%		
	本次实际发放消费贷款（万元）	28600	28600	28600	28600		
	本年未办理的消费贷款总额（万元）	0					
	年初补发消费贷款（万元）						
	当年收到利息（万元）	2300	2300	2300	2300	0	0
	当年收到等额还款金额（万元）	0	0	0	0	0	0

图 7-3 消费贷款图

二、学生端

银行组需要填写表 7-1 消费贷款竞标单,交给老师。依据教师端消费贷款公示情况进行谈判,签订个人住房消费贷款协议。

表 7-1 ______商业银行消费贷款

	第一年	第二年	第三年	第四年	第五年	第六年
额度(单位:万元,不应超过存贷比)						
最高额度占用费(一次性收取,%)						

将谈判结果登记到附录商业银行运营表格。在房地产运营主界面点击"管理流动性与消费贷款",见图 7-4。

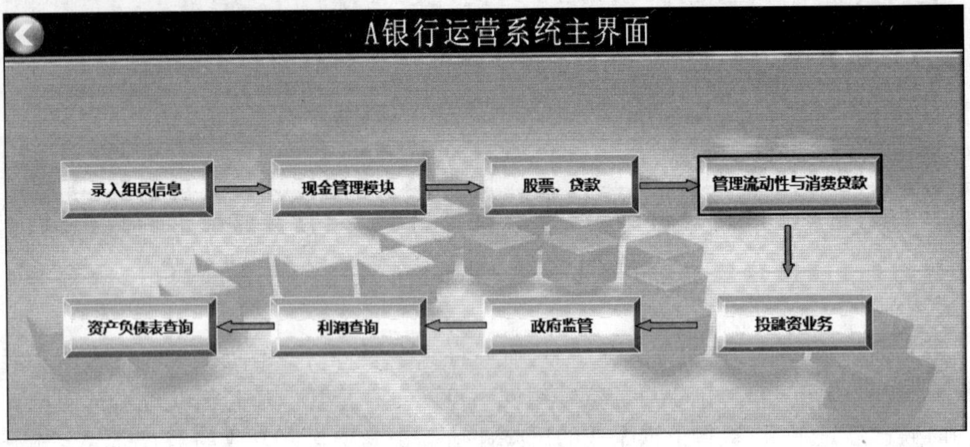

图 7-4　银行运营系统主界面

填写个人消费贷款栏数据,见图 7-5。

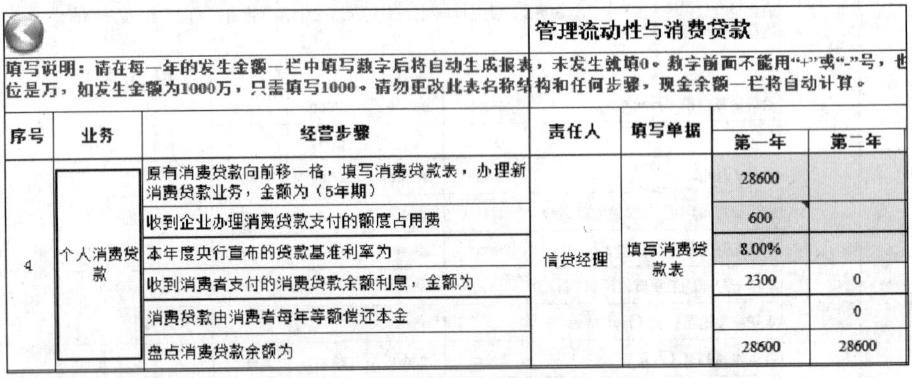

管理流动性与消费贷款

填写说明:请在每一年的发生金额一栏中填写数字后将自动生成报表,未发生就填0。数字前面不能用"+"或"-"号,也位是万,如发生金额为1000万,只需填写1000。请勿更改此表名称结构和任何步骤,现金余额一栏将自动计算。

序号	业务	经营步骤	责任人	填写单据	第一年	第二年
4	个人消费贷款	原有消费贷款向前移一格,填写消费贷款表,办理新消费贷款业务,金额为(5年期)	信贷经理	填写消费贷款表	28600	
		收到企业办理消费贷款支付的额度占用费			600	
		本年度央行宣布的贷款基准利率为			8.00%	
		收到消费者支付的消费贷款余额利息,金额为			2300	0
		消费贷款由消费者每年等额偿还本金				0
		盘点消费贷款余额为			28600	28600

图 7-5　银行组消费贷款的填写

房产组根据销售额与首付比例算出消费贷款额之后,在附录 2 中填写相应表商业银行模拟经营实验。然后在销售竞标与施工交付中填写首付款,依据教师端消费贷款公示情况进行谈判,签订个人住房消费贷款协议。在销售竞标与施工交付中填写贷款金额和额度占用费。注意此处的贷款金额是向下取整。计算机端操作见图 7-6 和图 7-7。

银行组同样需要填写相应消费贷款表格(如图 7-8 所示),还应与消费者签订个人住房消费贷款协议(见附录 3)。

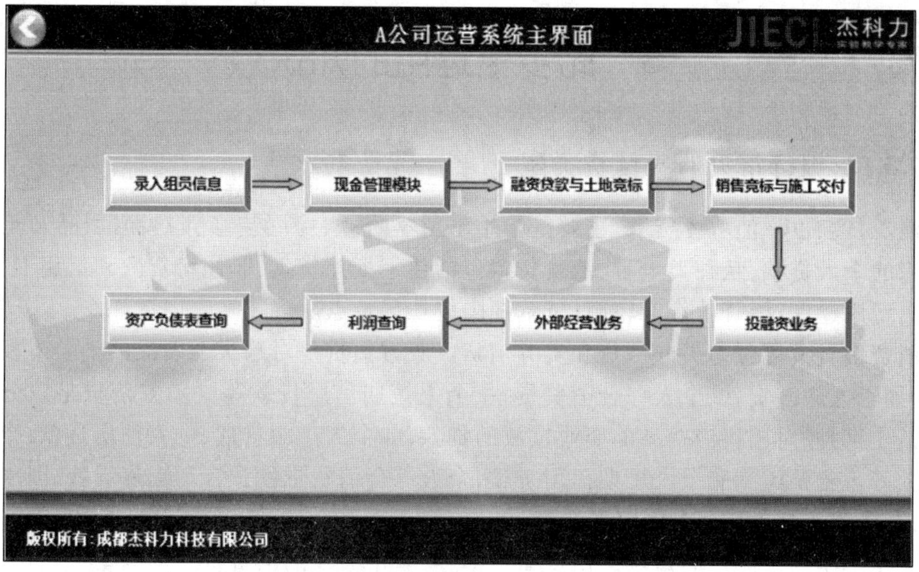

图 7-6 房地产公司系统主界面

销售竞标与施工交付

填写说明：请在每一年的发生金额一栏中填写数字后将自动生成报表，未发生就填0。数字前面不能用"+"或"-"号，也不用公式形
发生金额为1000万，只需填写1000。请勿更改此表名称结构和任何步骤，现金余额一栏将自动计算。

序号		经营步骤	责任人	填写单据	第一年	第二年
4	收取贷款	所有交货获得的首付款（来源于教师端交货数据录入的现金收入）	市场经理	填写订单竞标单，消费贷款协议	12300	
		政府收购的限价房收入记2年期应收款			0	
		办理消费贷款，获得现金（不得大于本年应办理的消费贷款）			28600	
		支付消费贷款的额度占用费			600	
		无法拿到消费贷款，记6年应收款，金额为			0	
		支付规划设计费与景观费			9100	0
		收到城市基础设施与配套工程换取的土地亩数			0	
		换取土地的价值筹码一起放在盘面上，金额为（万）			0	0

图 7-7 房产组消费贷款的填写

管理流动性与消费贷款

填写说明：请在每一年的发生金额一栏中填写数字后将自动生成报表，未发生就填0。数字前面不能用"+"或"-"号，也
位是万，如发生金额为1000万，只需填写1000。请勿更改此表名称结构和任何步骤，现金余额一栏将自动计算。

序号	业务	经营步骤	责任人	填写单据	第一年	第二年
4	个人消费贷款	原有消费贷款向前移一格，填写消费贷款表，办理新消费贷款业务，金额为（5年期）	信贷经理	填写消费贷款表	28600	
		收到企业办理消费贷款支付的额度占用费			600	
		本年度央行宣布的贷款基准利率为			8.00%	
		收到消费者支付的消费贷款余额利息，金额为			2300	0
		消费贷款由消费者每年等额偿还本金				0
		盘点消费贷款余额为			28600	28600

图 7-8 银行消费贷款的填写

7.3 此步骤运用的知识点

7.3.1 银行常见消费信贷类型

消费贷款也称消费者贷款，主要是指用于留学贷款、房屋装修、购买耐用品乃至买车等用途的个人贷款，从种类上看，消费贷款包括住宅抵押贷款、非住房贷款和信用卡贷款，具有消费用途广泛、贷款额度较高、贷款期限较长等特点。

消费信贷又可分为买方信贷和卖方信贷。买方信贷是对购买消费品的消费者发放的贷款，如个人旅游贷款、个人综合消费贷款、个人短期信用贷款等。卖方信贷是以分期付款单证作抵押，对销售消费品的企业发放的贷款，如个人小额贷款、个人住房贷款、个人汽车贷款等。主要类型有个人短期信用贷款；个人综合消费贷款；个人旅游贷款；国家助学贷款；个人汽车贷款；个人住房贷款等。

由于本实验中的产品市场由房产组扮演，实验中涉及的消费贷款即为个人住房贷款。

7.3.2 消费信贷的中间业务类型及定价

个人消费贷款可分为信用贷款、抵押贷款以及保证贷款。不同的贷款方式，借款人需要承担的贷款费用也是不同的。

对于信用型个人消费贷款，所涉及的费用为贷款利息费用，利率各银行规定各不相同，一般为在基准利率基础上上浮 10%～35%。

对于抵押型的个人消费贷款，会涉及抵押品评估费用、抵押登记手续费以及贷款利息。抵押型个人消费贷款一般抵押物为房产，房产评估费一般为评估价格的 5‰，不同评估公司略有差别。

保证型个人消费贷款所涉及的费用要根据保证人性质而定。若为担保公司担保，则需要支付担保公司一定费用。若为他人担保则不需要这笔费用。

在此软件中，银行主要的中间业务是额度占用费和财务评审费。其中额度占用费是按照贷款的金额乘以一定比例算得的。而财务评审费则是年初定下的具体金额。

在第一年中，额度占用费的比例是 2%，贷款金额是 10 000 万元，财务评审费是固定的 200 万元。所以第一年的中间费用 = 10 000×2% + 200 = 400（万元）

7.4 案　例

个人贷款是否有额度占用费？

尽管监管部门取消了 34 项收费，银行在银行卡、存取款等相关业务方面的数千种收费仍然令市民眼花缭乱。2018 年，在贷款额度越来越紧张的情况下，原本只收取利息的房贷等个人消费贷款也巧立名目，开始收取额度占用费、个人融资顾问服务费、管理费、贷款安排费、合同费等。“过去是银行哭着喊着求客户贷款，现在是客户哭着喊着求银行贷款,能贷到款已经不错了,多花点钱就不要在乎了。”一家国有银行的客户经理这样说。

刚刚贷款买了一套二手房的张女士向记者反映,她在中介的帮助下办了40万元贷款,临近放贷时被索要了4 000元额度占用费,因为从未听说过这种收费项目,开始她以为是中介乱收费,后来发放贷款的这家国有银行工作人员证实是银行收的。张女士感觉很冤:“我和老公买的是首套房,贷款利率不仅没有优惠,还上浮了10%。等了一个月,房贷好不容易办下来了又让交这个额度占用费,不交吧,再到别的银行又要排队等,说不定也要交这个费用,或者其他的费用。”对此,这家国有银行省分行个贷部门相关工作人员表示,该行的确新增了额度占用费,收多少要视具体情况而定,个人住房按揭贷款、个人住房抵押贷款等个人贷款都在收费范围。同时,其他几家银行也在收取个人贷款额度占用费。多家房产中介反映,近期在为客户办理房贷时,经常遭遇银行额外索要一些费用,少则几百元,多则几千元,客户常常迁怒于中介,他们也很无奈。

另外,在银行贷款额度相对紧张情况下,还有银行向贷款客户收取个人融资顾问服务费,费用一般超过贷款额度的1%。这家银行的省分行相关负责人,这项收费已经得到了监管部门的认可,主要是针对个人经营贷款、抵押贷款等,收费的前提是告知客户,并且与客户签订融资顾问协议,具体收费金额与客户协商确定。

除了上述费用,还有的银行以贷款安排费、管理费、合同费等名目向客户收费。一家银行省分行的个贷负责人告诉记者:“现在小企业贷款利率最少要在基准利率基础上上浮30%,相比较来看,住房贷款、消费贷款这类个人贷款给银行带来的利润还是太低,所以要通过其他收费项目来弥补。”除了各种收费,银行更惯用的是“捆绑销售”,即让贷款客户办信用卡、买理财产品、买银行保险,或办大额定期存款等。一位银行客户经理反映,他前几天办了一笔房贷业务,客户此前没有贷款记录,也没有信用卡使用记录,综合评分后,不能享受基准利率,他劝说客户买了理财产品,评分立刻增加,客户拿到了相对较优惠的利率。

8

商业银行对公存款业务实验

8.1 实验要求

◆ 能够理解对公存款营销中如何实现双赢；
◆ 能够分析对公存款期限与定价对银行流动性与盈利性影响。

8.2 实验步骤

一、教师端

组织房地产公司和银行进行对公存款竞标，点击图 8-1 中的"企业存款"，出现图 8-2 对公存款竞标表，在表格中填入各组上交的竞标数据，由存款规模最大的公司优先选择存款银行。

二、学生端

房产组：请填写表 8-1，此实验中所有对公存款均为大额协议存款，利率自行与银行商定（一般不低于存款基准利率，不高于存款基准利率的 4 倍）。

表 8-1　房地产公司对公存款竞标单　　单位：万元

	第一年	第二年	第三年	第四年	第五年	第六年
存款规模（至少一年期，金额至少 5 000 万元）						

银行组：银行组制定存款利率，填写表 8-2 商业银行对公存款竞标表，若银行未报存款利率，默认以基准利率存款。

表 8-2　商业银行对公存款竞标表

存款最低年利率（%）	第一年	第二年	第三年	第四年	第五年	第六年

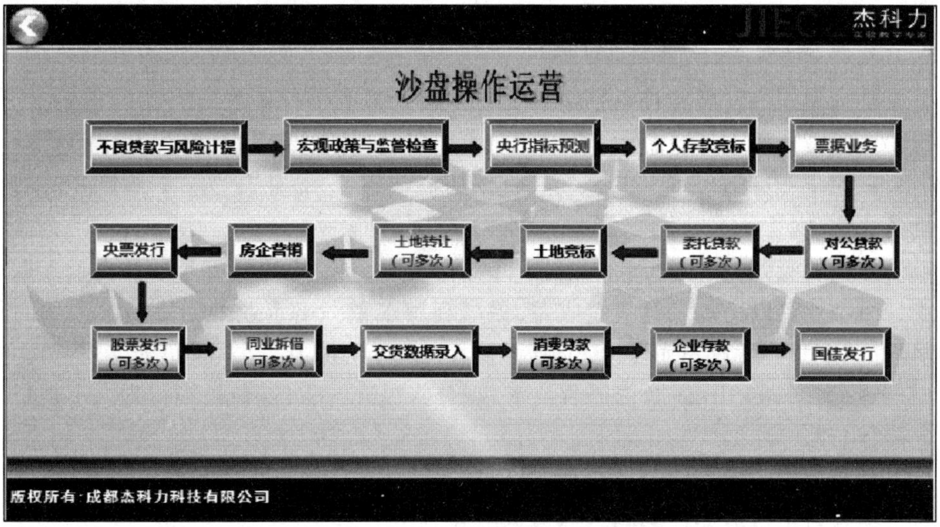

图 8-1　沙盘操作运营

«	对公存款竞标						
	竞争规则： 存款规模最大的企业可以优先选择存款利率最高的银行，银行不得拒绝。						
第一年		企业A	企业B	企业C	企业D	企业E	企业F
	存款规模（万）						
		银行A	银行B	银行C	银行D	银行E	银行F
	存款最低年利率%						
第二年		企业A	企业B	企业C	企业D	企业E	企业F
	存款规模（万）						
		银行A	银行B	银行C	银行D	银行E	银行F
	存款最低年利率%						

图 8-2　对公存款竞标表

8.3　此步骤运用的知识点

8.3.1　对公存款来源途径

对公存款的来源途径主要有工业存款、物资供销企业存款、商业存款、外贸企业存款、“三资”及集体工商企业存款、私营和个体工商户存款等。

对公存款的存款人有：企业、机关、团体、个体工商户、部队等。

本实验主要通过协定存款的形式（指企、事业单位与银行通过协商后签订《协定存款合同》，确定企、事业单位在银行开设结算账户和协定存款户两个账户，同时使用，并与银行商定其结算户存款保留的最低额而形成的存款。）获得大额对公存款。

8.3.2 如何实现双赢:对公存款对银行流动性与绩效指标的影响

企业是国家经济发展和社会稳定的重要支柱。企业银行服务有巨大的市场潜力,商业银行在日益激烈的市场竞争中,要树立现代市场营销观念,通过制定战略规划,建立起“互为市场,谋求双赢”的新型银企关系,这对于商业银行、企业乃至整个国民经济都具有十分重要的意义。

对公存款的吸收,对银行而言有利于降低存贷比,同时也避免翻年后的大量支取引发的挤兑。而企业可以增加一笔投资收益,提高利润水平。当企业处于亏损不严重的状态(可以以存款利息将亏损补回)时,企业可扭亏为赢,如是上市公司,可避免挂 ST。同时 ROA(资产收益率)和 ROE(净资产收益率)得分将提升,还可避免被银行列入不良贷款引发债务催缴与账户冻结。

以第一年数据为例,分析对公存款对银行流动性与绩效指标的影响

对公存款对银行流动性影响具体请见图 8-3。

			第一年银监会对商业银行的监管评级							
项目		权重	A		B		C		D	
			比率	得分	比率	得分	比率	得分	比率	得分
资产充足状况	资本充足率	5%	103.19%	5.0	101.92%	5.0	101.92%	5.0	101.92%	5.0
	核心资本充足率	5%	101.60%	5.0	100.32%	5.0	100.32%	5.0	100.32%	5.0
盈利状况	资本收益率(ROE)	20%	2.48%	20.0	1.25%	10.0	1.25%	10.0	1.25%	10.0
	资产收益率(ROA)	20%	0.78%	20.0	0.30%	8.0	0.30%	8.0	0.30%	8.0
流动性	存贷比	10%	65.14%	7.0	45.60%	10.0	45.60%	10.0	45.60%	10.0
	超额准备金比率	5%	8.86%	1.0	31.30%	5.0	31.30%	5.0	31.30%	5.0

图 8-3 对公存款对银行流动性的影响

如图 8-3 所示,假设在其他情况不变的情况下,B、C、D 按照任务清单操作,第一年年末每个银行都吸收了 30 000 万元的企业存款,A 银行吸收企业存款为 0,A 银行的存贷比和超额准备金比率分别为 65.14% 和 8.86%,B、C、D 银行存贷比和超额准备金比率分别为 45.60% 和 31.30%。

具体数据分析如下所示:

1. 存贷比

$$存贷比=\frac{贷款余额}{存款余额} \tag{8.1}$$

A 银行的存贷比=(17 000 万元(企业贷款)+28 600 万元(个人消费贷款))/(30 000 万元(期初个人存款)+40 000 万元(第一年吸收个人存款))×100%=65.14%

其他银行的存贷比=(17 000 万元(企业贷款)+28 600 万元(个人消费贷款))/[30 000万元(期初个人存款)+40 000 万元(第一年吸收个人存款)+30 000 万元(第一年吸收的企业存款)]×100%=45.60%

2. 超额准备金比率

$$超额准备金比率=\frac{现金+存放在央行存款}{各项存款} \quad (8.2)$$

A 银行超额准备金比率=6 200 万元(年底库存现金)/(30 000 万元(期初个人存款)+40 000 万元(第一年吸收个人存款))×100%≈8.86%

其他银行的超额准备金比率=31 300 万元(年底库存现金)/(30 000 万元(期初个人存款)+40 000 万元(第一年吸收个人存款))+30 000 万元(第一年吸收的企业存款))×100%≈31.30%

对公存款对银行绩效指标的影响具体请见图 8-4。

项目		权重	A		B		C		D	
			比率	得分	比率	得分	比率	得分	比率	得分
资产充足状况	资本充足率	5%	103.19%	5.0	101.92%	5.0	101.92%	5.0	101.92%	5.0
	核心资本充足率	5%	101.60%	5.0	100.32%	5.0	100.32%	5.0	100.32%	5.0
盈利状况	资本收益率(ROE)	20%	2.48%	20.0	1.25%	10.0	1.25%	10.0	1.25%	10.0
	资产收益率(ROA)	20%	0.78%	20.0	0.30%	8.0	0.30%	8.0	0.30%	8.0
流动性	存贷比	10%	65.14%	7.0	45.60%	10.0	45.60%	10.0	45.60%	10.0
	超额准备金比率	5%	8.86%	1.0	31.30%	5.0	31.30%	5.0	31.30%	5.0

图 8-4 对公存款对银行绩效指标的影响

虽然吸收企业存款 30 000 万元需要支付利息 600 万元[30 000 万元×2%(商定企业存款利率)]造成 B、C、D 三家银行的资本充足率、核心资本充足率、资本收益率和资产收益率各项指标都没有 A 银行表现的有优势,但 A 银行第一年年末的库存现金仅为 6 200 万元。第二年年初需偿还已到期的个人存款 30 000 万元,A 银行流动性不足,需要向央行进行再贷款,商业银行如果主动申请再贷款,累计 2 亿元再贷款总分将扣 3 分。商业银行资不抵债或出现流动性危机时可以申请再贷款,但央行将会对商业银行的部分业务进行监管。具体数据分析如下所示。

3. 资本充足率

$$资本充足率=\frac{核心资本+附属资本}{加权风险资产总额} \quad (8.3)$$

A 资本充足率=32 300 万元/[17 000 万元(企业贷款)+28 600 万元(个人消费贷款)×50%]×100%≈103.19%

其他银行资本充足率=31 900 万元/[17 000 万元(企业贷款)+28 600 万元(个人消费贷款)×50%]×100%≈101.92%

4. 核心资本充足率

$$核心资本充足率=\frac{核心资本}{加权风险资产总额} \quad (8.4)$$

A 银行核心资本充足率=[32 300 万元-500 万元(一般风险准备余额)]/[17 000 万元(企业贷款)+28 600 万元(个人消费贷款)×50%]×100%≈101.60%

其他银行的核心资本充足率 = (31 900 万元 - 500 万元(一般风险准备余额))/[17 000万元(企业贷款)+28 600 万元(个人消费贷款)×50%]×100% = 100.32%

5. 资本收益率

$$\text{资本收益率(ROE)} = \frac{\text{净利润}}{\text{股东权益}} \tag{8.5}$$

A 银行资本收益率 = 800 万/32 300 万元×100% ≈ 2.48%

其他银行的资本收益率 = 400 万/31 900 万元×100% ≈ 1.25%

6. 资产收益率

$$\text{资产收益率(ROA)} = \frac{\text{净利润}}{\text{资产总计}} \tag{8.6}$$

A 银行资本收益率 = 800 万/102 300 万元×100% ≈ 0.78%

其他银行的资本收益率 = 400 万元/131 900 万元×100% ≈ 0.30%

注:以上数据来源于电子分析工具银行报表的损益表和资产负债表(见图 8-5 和图 8-6)

A商业银行损益表	单位:万元
项目	第一年
一、营业收入(不含税)	6500
利息收入(不含税)	4200
理财与投资收益(不含税)	1400
中间业务收入(不含税)	900
减: 利息支出	2700
中间业务支出	0
二、毛利	3800
减:管理费用	2600
资产减值损失	0
三、营业利润	1100
加:营业外收入	0
减:营业外支出	0
四、利润总额	1100
减:所得税	300
五、净利润	800

B商业银行损益表	单位:万元
项目	第一年
一、营业收入(不含税)	6500
利息收入(不含税)	4200
理财与投资收益(不含税)	1400
中间业务收入(不含税)	900
减: 利息支出	3300
二、毛利	3200
减:管理费用	2600
营业费用分摊	100
资产减值损失	0
三、营业利润	500
加:营业外收入	0
减:营业外支出	0
四、利润总额	500
减:所得税	100
五、净利润	400

图 8-5 A 商业银行与 B 商业银行的损益表

8.3.3 如何实现双赢:对企业绩效的影响

以第一年数据为例,分析对公存款对企业财务指标的影响

分析对公存款对企业财务指标的影响具体请见图 8-7。

如图 8-7 所示,假设在其他情况不变的情况下,B、C、D 按照任务清单操作,第一年年末向银行存入 30 000 万元的企业存款,A 企业的企业存款为 0。从而造成 A 企业和其他企业在偿债能力、盈利能力以及负债水平都不一致。具体数据分析如下所示。

A商业银行资产负债表		单位：万元
项目	年初数	第一年
现金	10000	6200
存放中央银行款项	4500	10500
企业贷款	7000	17000
房产消费贷款		28600
国债投资	20000	20000
央票	20000	20000
其他应收款		0
资产合计	61500	102300
负债和所有者权益		
吸收个人存款	30000	70000
吸收企业存款		0
负债总计	30000	70000
实收资本	25000	25000
盈余公积	6400	6400
一般风险准备余额	100	500
当年未分配利润	0	400
所有者权益合计	31500	32300
负债和所有者权益总计	61500	102300

B商业银行资产负债表		单位：万元
项目	年初数	第一年
现金	10000	31300
存放中央银行款项	4500	15000
企业贷款	7000	17000
房产消费贷款		28600
国债投资	20000	20000
央票	20000	20000
其他应收款		0
资产合计	61500	131900
负债和所有者权益		
吸收个人存款	30000	70000
吸收企业存款		30000
负债总计	30000	100000
实收资本	25000	25000
盈余公积	6400	6400
一般风险准备余额	100	500
当年未分配利润	0	0
所有者权益合计	31500	31900
负债和所有者权益总计	61500	131900

图 8-6　A 商业银行与 B 商业银行的资产负债表

第一年房地产贷款综合评价表									
		权重	A		B		C		D
			指标	得分	指标	得分	指标	得分	指标
偿债能力	流动比率	5%	188.24%	4.9	190.59%	5.0	190.59%	5.0	190.59%
	速动比率	5%	188.24%	4.9	190.59%	5.0	190.59%	5.0	190.59%
盈利能力	销售利润率	5%	0.00%	0.0	1.55%	5.0	1.55%	5.0	1.55%
	总资产利润率	5%	0.00%	0.0	1.85%	5.0	1.85%	5.0	1.85%
负债水平	净资产负债率	5%	113.33%	0.0	110.39%	5.0	110.39%	5.0	110.39%
	总资产负债率	5%	53.13%	0.0	52.47%	5.0	52.47%	5.0	52.47%

图 8-7　第一年房地产贷款综合评价表

1. 流动比率

$$流动比率=\frac{流动资产合计-国债债投-金融债融债-股票与股权投资}{负债合计} \tag{8.7}$$

A 企业的流动比 = 32 000 万元/[银行贷款 7 000 万元(初始状态)+银行贷款 10 000 万元(第一年贷的)]×100% ≈ 188.24%

其他企业的流动比参照 6.3.3 如何判断企业财务风险。

2. 速动比率

$$速动比率=\frac{现金+银行存款+应收款}{负债合计} \tag{8.8}$$

A 企业的速动比率 = 32 000 万元/[银行贷款 7 000 万元(初始状态)+银行贷款 10 000万元(第一年贷的)]×100% ≈ 188.24%

其他企业的速动比率参照 6.3.3 如何判断企业财务风险。

3. 销售利润率

$$销售利润率=\frac{利润总额}{主营业务收入之和} \tag{8.9}$$

A 企业的销售利润率 = 0(利润总额为 0 元)

其他企业的销售利润率参照 6.3.3 如何判断企业财务风险。

4. 总资产利润率

$$总资产利润率 = \frac{利润总额}{资产总计} \tag{8.10}$$

A 企业的总资产利润率 = 0(利润总额为 0 元)

其他企业的总资产利润率参照 6.3.3 如何判断企业财务风险。

5. 净资产负债率

$$净资产负债率 = \frac{负债合计}{所有者权益} \tag{8.11}$$

A 企业的净资产负债率 = 17 000 万元/15 000 万元×100% = 113.33%

其他企业的净资产负债率参照 6.3.3 如何判断企业财务风险。

6. 总资产负债率

$$总资产负债率 = \frac{负债合计}{资产总计} \tag{8.12}$$

A 企业的总资产负债率 = 17 000 万元/32 000 万元×100% = 53.13%

其他企业的总资产负债率参照 6.3.3 如何判断企业财务风险。

注:以上数据来源于电子分析工具 A 公司报表的资产负债表(见图 8-8)

资产负债表	单位:万元	
项目	年初数	第一年
资产:		
现金	4000	32000
银行存款		0
应收款		0
土地净值	18000	0
资产总计	22000	32000
负债:		
高利贷		0
应付款		0
银行贷款	7000	17000
委托贷款-贷		0
负债合计	7000	17000
股东资本	15000	15000
未分配利润		0
当年净利润		0
所有者权益合计	15000	15000
负债及权益总计	22000	32000

图 8-8 A 企业资产负债表

8.4 案 例

山东 A 钢贸公司是山东省特大型钢材批发企业,公司主要业务是向本地的二级钢铁经销企业批发钢材,年销售额超过 12 亿元,公司现金流较为充裕。

该公司与钢厂结算一般都是根据钢厂销售政策来选择银行结算工具,在销售旺季,厂家提供折扣较少,该公司选择使用现款结算;在销售淡季,厂家提供折扣较多,该公司使用票据结算。

某银行了解到该公司最近将从山东某钢铁集团购进钢材。在 12 月份，钢厂提供优惠，现金结算提供 1 个点的折扣；银票提供 0.4 个点的折扣。在这种方式下，银行客户经理提议，使用足额保证金银行承兑汇票结算，并为客户算账如下：

以 1 亿元货款结算为例，采用足额保证金银票结算，A 钢贸公司的收益：

（1）保证金存款利息：1 亿元×1.8%/2＝90 万元

（2）获得的商业折扣：1 亿元×0.4%＝40 万元

（3）采用现金付款方式结算，A 钢贸公司的收益：

（4）获得的商业折扣：1 亿元×1%＝100 万元

山东 A 钢贸公司接受了该行的服务方案，在销售淡季共计出票 3.6 亿元，该行也通过该业务成功切入该客户，带来了稳定的存款收益。

案例分析：

1. 此案例中较现金付款，1 亿元的保证金存款为山东 A 钢贸公司带来了多少的财务增值？

2. 银行为了吸收对公存款还有哪些拓展途径？

参考答案：

问题 1 答案：90 万元+40 万元－100 万元＝30 万元

问题 2 答案：

① 授信品种创新——城镇化建设贷款；

② 融资模式创新——城镇化基金；

③ 担保方式创新——收费权质押；

④ 产品创新——你无我有，你有我优。

9 商业银行投资与理财实验

9.1 实验要求

◆ 能够理解商业银行非标资产与各类投资标的差异；
◆ 能够理解各类投资标的适用情况(即什么时候投资)；
◆ 理解银行对公与对私理财业务差异。

9.2 实验步骤

一、教师端

1. 票据业务

进入沙盘操作运营页面,点击“票据业务”(见图 9-1)。

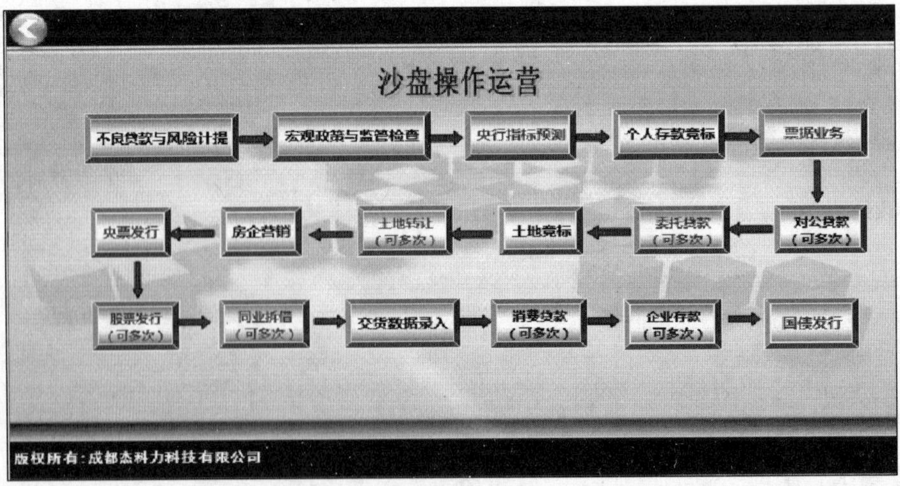

图 9-1 沙盘操作运营

将各银行上交的表 9-4 票据贴现费竞标表录入，依据规则各家银行选择贴现金额，老师将竞标结果录入教师端（如图 9-2）。

«	到期票据风险			新增票据业务					
			竞争规则：由系统确定每年外部票据总额，老师再选出具体行业票据，由贴现率低的银行先选；贴现率相同按提交竞标单顺序选择						
				银行A	银行B	银行C	银行D	银行E	银行F
第三年	上年房产销量同比增长	20.2%	本年外部新增票据（万）	30000					
	本年到期票据风险	高档消费品行业票据延期	每5000万票据贴现费（万）	200	300		400		
			贴现金额（万）	30000					
			应收贴现费（万）	1200	0	0	0	0	0

图 9-2　新增票据业务

2. 央票

进入沙盘操作运营页面（见图 9-1），点击“宏观政策与监管检查”。在图 9-3 中的央票发行规模一栏中输入央票规模。

	宏观政策与外部环境					
	第一年	第二年	第三年	第四年	第五年	第六年
存款利率	2.0%	2.0%	#DIV/0!	#DIV/0!	#DIV/0!	#DIV/0!
贷款利率	8.0%	8.0%	#DIV/0!	#DIV/0!	#DIV/0!	#DIV/0!
再贷款率	5.0%	5.0%	#DIV/0!	#DIV/0!	#DIV/0!	#DIV/0!
存款准备金率	15.0%	15.0%	#DIV/0!	#DIV/0!	#DIV/0!	#DIV/0!
央票发行规模(万)	0	0	0	#DIV/0!	#DIV/0!	#DIV/0!
国债发行规模(万)						
商品房和别墅调整后首付比例	30.0%	30.0%	#DIV/0!	#DIV/0!	#DIV/0!	#DIV/0!
本年预计供地规模（亩）	0	120	#DIV/0!	#DIV/0!	#DIV/0!	#DIV/0!
外部票据贴现（万元）	0	0	0	0	0	0
预计新增个人存款（万元）	160000	341000	#DIV/0!	#DIV/0!	#DIV/0!	#DIV/0!
房地产公司增值税率	11%	11%	11%	11%	11%	11%
城建工程订单（个/类）				1	1	

图 9-3　宏观政策与外部环境

返回沙盘操作运营页面（如图 9-1），点击“央票发行”，系统自动根据各银行上年新增贷款规模比例分摊央票（如图 9-4）。

3. 股票

进入沙盘操作运营页面（如图 9-1），点击“股票发行”，将各银行及企业提交的表 9-2 及表 9-5 即股权发行与购买表中数据登记到股票发行页面框起来的单元格中（见图 9-5）。

4. 同业拆借

进入沙盘操作运营页面，点击同业拆借（见图 9-1），将各银行提交的表 9-6 即同业拆借表中数据登记到同业拆借页面框起来的单元格中（见图 9-6）各银行将依据图 9-6 中公示数据进行谈判。

央票发行与购买							
竞争规则：按上年新增贷款规模最大者强制购买。							
第二年	本年发行规模（万元）			期限（年）		1年	
	年收益率%	4.00%					
		银行A	银行B	银行C	银行D	银行E	银行F
	上年新增贷款规模（万元）	38600					
	各银行央票分摊（万元）						
	央票应收利息（万元）						
第三年	本年发行规模（万元）			期限（年）		1年	
	年收益率%	4.00%					
		银行A	银行B	银行C	银行D	银行E	银行F
	上年新增贷款规模（万元）						
	各银行央票分摊（万元）						
	央票应收利息（万元）						

图 9-4　央票发行与购买(1)

第一年央行组业绩			年末各组现金之和（万）		202800	房企交货（万）		122700	房价涨幅	0.0%	流动性	1.65
第二年央行业绩目标与预测			年末各组现金之和（万）		232300	房企交货（万）		153200	房价涨幅	-11.8%	流动性	1.52
	银行A	银行B	银行C	银行D	银行E	银行F	企业A	企业B	企业C	企业D	企业E	企业F
平均价格涨幅房价涨幅	2.00%	-3.00%	1.00%				-10.00%	7.00%	12.00%			
市场流动性	1.4	1	1.2				1.3	0.7	2.1			
期末现金余额（万）	55100	44200	44200	请填管理费	请填管理费	请填管理费	9300	41200	38300	请付管理费	请付管理费	请付管理费
房价涨幅预测得分	0	0	0				10	0	0			
市场流动性预测得分	9.8368	5.8368	7.8368				8.83681	2.83681	5.16319			
指标总得分	9.8368	5.8368	7.8368	0	0	0	18.8368	2.83681	5.16319	0	0	0

图 9-5　央票发行与购买(2)

同业拆借							
竞争规则：由资金需求最多的银行优先选择利率最低的同业拆借。							
第二年		银行A	银行B	银行C	银行D	银行E	银行F
	需要贷款的规模（万）	10000					
	愿意贷出金额（万）			20000			
	贷出款项最高年利率%			6.00%			

图 9-6　同业拆借

表 9-1　商业银行资金规划表　　　　单位：万元

	项目	第一年	第二年	第三年	第四年	第五年	第六年
1	上年现金余额						
2	归还各项到期负债						

续表

	项目	第一年	第二年	第三年	第四年	第五年	第六年
3	支付利息及中间费用						
4	各项贷款发放总额						
5	发放票据贴现与同业拆借款						
6	购买央票/国债						
7	竞标个人存款支出						
8	存款准备金支出						
9	支付管理费 1000 万						
10	交纳所得税						
11	网点与存贷款团队支出						
12	其他支出						
13	支出合计						
14	各项资产到期收回本金及利息						
15	各项中间业务收入						
16	个人存款及企业存款预计新增						
17	存款准备金冲回						
18	其他收入						
19	收入合计						
20	剩余现金预计						
21	预计发行股票金额						
22	预计需借入同业拆借款						
23	预计需向央行再贷款						

商业银行要避免同业拆借或再贷款这种流动危机，应填写表 9-1，合理规划自己所需要的资金。

5. 国债

老师要组织各组进行国债的竞标。点击图 9-1 中的“国债发行”，根据各组上交的国债购买竞标单在图 9-7 中的单元格中，输入各组的股买规模和购买溢价，得出结果后，请溢价率高者优先挑选，再按购买规模最大者依次优先挑选。

二、学生端

1. 房产组

（1）股票。填写表 9-2 房地产公司股权发行与购买表，上交给老师。

若为发行方，发行数据公示后，购买方提交表 9-2，按照溢价率高者优先满足规律进行股票交易。买卖双方填写附录 3 中股权证，填写附录 1 中销售竞标与施工交付表（见图

		国债发行与购买 购买规则：按溢价率高者优先挑选，再按购买规模最大者依次优先挑选。									
第二年	本年发行规模（万元）	0									
		银行A	银行B	银行C	银行D	银行E	银行F	企业A	企业B	企业C	企业D
	期望购买规模（万元）										
	愿意支付的溢价（万元）										
	溢价率	#DIV/0!	#DIV/0!	#DIV/0!	#DIV/0!	#DIV/0!	#DIV/0!	#DIV/0!	#DIV/0!	#DIV/0!	#DIV/0!
第二年实际购买国债（万元）	5年期（贷款利率-1%）										
	4年期（贷款利率-1.5%）										
	3年期（贷款利率-2%）										
第二年兑付国债（万元）	5年期（贷款利率-1%）										
	4年期（贷款利率-1.5%）										
	3年期（贷款利率-2%）										
	提前兑付的手续费										
	本年国债应收利息（万元）	1400	1400	1400	1400	1400	1400	0	0	0	0

图 9-7　国债发行与购买

9-8和图 9-9），同时将表格数据录入计算机。

若为购买方，发行数据公示后，提交表 9-2，按照溢价率高者优先满足规律进行股票交易。买卖双方填写附录 3 中股权证，填写附录 1 中销售竞标与施工交付表（见图 9-8 和图 9-9），同时将表格数据录入计算机。

表 9-2　房地产公司股权发行与购买

	第一年	第二年	第三年	第四年	第五年	第六年
股权发行规模（万元）						
占股权比例%						
	第一年	第二年	第三年	第四年	第五年	第六年
购买规模（万元）						
溢价（万元）						

注：企业发行股票应保证控股权不变。股票发行后，每年的净利润按将股份比例在下一年分红。

（2）国债。如图 9-8 选择投融资业务选项卡操作，填写表 9-3 房地产公司国债购买表，并上交给老师，待老师公布结果后，认购国债。填写附录中的房地产公司投融资业务表并将数据录入计算机。（见图 9-10）。

表 9-3　房地产公司国债购买

单位：万元

	第一年	第二年	第三年	第四年	第五年	第六年
购买规模（如提前兑付，每年手续费 1%）						
愿意支付的购买溢价						

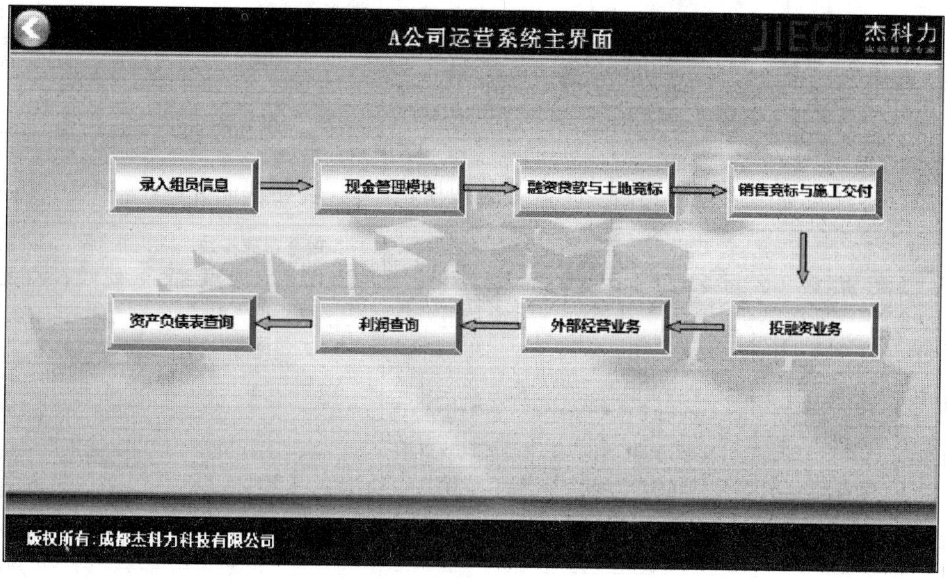

图 9-8 公司运营主界面

销售竞标与施工交付

填写说明：请在每一年的发生金额一栏中填写数字后将自动生成报表，未发生就填0。数字前面不能用“+”或“-”号，也不用公式形
发生金额为1000万，只需填写1000。请勿更改此表名称结构和任何步骤，现金余额一栏将自动计算。

序号	经营步骤		责任人	填写单据	第一年	第二年
1	股权投资	发行股票，填写股票发行表，收到股票投资款	总经理	填写股权投资表	0	
		购买股票，支付股票投资款			0	
		卖出股票，请先填写股票当年投资总价款（含溢价）			0	
		卖出股票，收到股票转让款			0	
		赎回股票，用现金支付			0	

图 9-9 销售竞标与施工交付表 1

投资业务

填写说明：请在每一年的发生金额一栏中填写数字后将自动生成报表，未发生就填0。数字前面不能用“+”或“-”号
字单位是万，如发生金额为1000万，只需填写1000。请勿更改此表名称结构和任何步骤，现金余额一栏将自动计

序号	经营步骤		责任人	填写单据	第一年	第二年
2	国债业务	国债往前移一格，到期兑付/提前兑付金额	理财经理	国债购买竞标表	0	
		填写国债购买竞标表，按国债原值支付国债投资款			0	
		支付国债购买溢价			0	
		按照本年度国债余额收到国债净利息（扣减提前兑换的手续费）			0	

图 9-10 房产公司投融资业务表

2. 银行组

(1) 票据。填写表 9-4 商业银行票据贴现表，上交给老师。

表 9-4 商业银行票据贴现费

	第一年	第二年	第三年	第四年	第五年	第六年
每 5 000 万元票据年贴现费(万元)						

将教师端竞标结果登记到附录 2 现金管理模块贴现/转贴现业务栏(见图 9-11)。

现金管理模块

填写说明：请在每一年的发生金额一栏中填写数字后将自动生成报表，未发生就填0。数字前面不能用“+”或“-”号，也不用发生金额为1000万，只需填写1000。请勿更改此表名称结构和任何步骤，现金余额一栏将自动计算。

序号	业务	经营步骤	责任人	填写单据	第一年	第二年
		期初现金余额			10000	31400
	7、贴现/转贴现	查看教师端上年房地产销量变化，判断到期票据是否延期； 如未延期，票据往前移一格，到期可收回金额为：	信贷经理	票据贴现表	0	
		填写票据贴现表，选择贴现票据或银行转贴现，支付贴现全款			0	
		收取贴现费			0	
		到其他银行转贴现，收到贴现全款			0	
		到其他银行转贴现，支付贴现费			0	

图 9-11 房贴现/转贴现业务表

(2) 央票。将教师端各银行央票分配结果数据登记到附录 2 管理流动性与消费贷款模块央票业务中(见图 9-12 和图 9-13)。

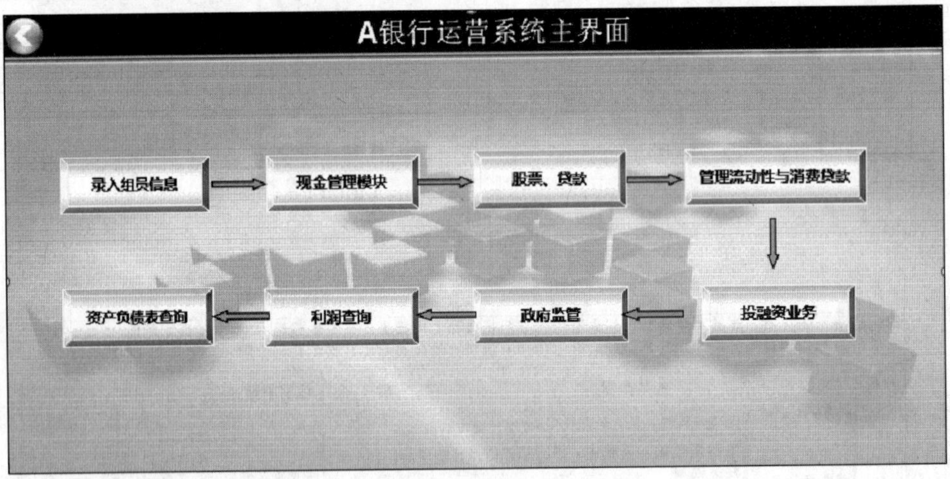

图 9-12 银行运营系统主界面

(3) 股票。填写表 9-5 商业银行股权发行与购买表,上交给老师。

若为发行方,发行数据公示后,购买方提交表 9-5,按照溢价率高者优先满足规律进行股票交易。买卖双方填写附录 3 中股权证,填写附录 1 中管流动性与消费贷款表股票发行与购买业务(见图 9-12 和图 9-13),同时将表格数据录入计算机。

若为购买方,发行数据公示后,提交表 9-5,按照溢价率高者优先满足规律进行股票

序号	业务	经营步骤	责任人	填写单据	第一年	第二年
		管理流动性与消费贷款				
		填写说明：请在每一年的发生金额一栏中填写数字后将自动生成报表，未发生就填0。数字前面不能用“+”或“-”号，也位是万，如发生金额为1000万，只需填写1000。请勿更改此表名称结构和任何步骤，现金余额一栏将自动计算。				
1	央票业务	央票往前移一格，到期收回本金	会计主管	无	0	
		购买央票，支付投资款			0	
		按盘面资产栏的央票余额收到利息			800	0
2	股票发行与购买	发行股票，填写股票发行与购买表，收到股票投资款	行长	填写股票发行与购买表，颁发股权证	0	
		购买股票，支付股票投资款			0	
		卖出股票，请先填写股票当年投资总价款（含溢价）			0	
		卖出股票，收到股票转让款			0	
		赎回股票，用现金支付			0	

图 9-13　银行投融资业务表

交易。买卖双方填写附录 3 中股权证，填写附录 1 中管理流动性与消费贷款表股票发行与购买业务（见图 9-12 和图 9-13），同时将表格数据录入计算机。

表 9-5　商业银行股权发行与购买

	第一年	第二年	第三年	第四年	第五年	第六年
股权发行规模（万元）						
占股权比例%						
	第一年	第二年	第三年	第四年	第五年	第六年
购买规模（万元）						
溢价（万元）						

注：银行发行股票应保证控股权不变。股票发行后，每年的净利润按将股份比例在下一年分红。

（4）同业拆借。填写表 9-6 商业银行同业拆借表，上交给老师。

表 9-6　商业银行同业拆借

	第一年	第二年	第三年	第四年	第五年	第六年
需要贷款的规模（万元）						
愿意贷出金额（万元）						
贷出款项最高年利率%						

注：同业借入有利于降低存贷比。

按照教师端公示数据进行谈判，填写附录 3 同业拆借协议。填写附录 2 中管流动性与消费贷款表同业拆借业务（如图 9-7 和图 9-9），同时将表格数据录入计算机。

（5）国债。在图 9-12 中点击“投融资业务”选项卡，并填写表 9-7 商业银行国债购买表，待老师公布结果后，认购国债。填写附录 2 中的投融资业务表（见图 19-14、图 9-15），并将数据录入电脑端。

表 9-7　商业银行国债购买　　　　单位：万元

	第一年	第二年	第三年	第四年	第五年	第六年
购买规模（如提前兑付，每年手续费 1%）						
愿意支付的购买溢价						

管理流动性与消费贷款

填写说明：请在每一年的发生金额一栏中填写数字后将自动生成报表，未发生就填0。数字前面不能用“+”或“-”号，也
位是万，如发生金额为1000万，只需填写1000。请勿更改此表名称结构和任何步骤，现金余额一栏将自动计算。

序号	业务	经营步骤	责任人	填写单据	第一年	第二年
3	同业拆借	盘面资产栏的同业拆借（借）往前移一格，到期收回/提前收回本金	行长	填写同业拆借表	0	
		盘面负债栏的同业拆借（贷）往前移一格，到期偿还/提前偿还本金			0	
		存贷比超标的银行同业拆借，填写同业拆借表，借入资金			0	
		同业借出资金			0	
		按盘面资产栏的同业拆借（借）余额收到利息；对方无法偿还时收到违约金			0	
		按盘面负债栏的同业拆借（贷）余额支付利息；无法偿还时支付违约金			0	

图 9-14　银行投融资业务表(1)

投融资业务

填写说明：请在每一年的发生金额一栏中填写数字后将自动生成报表，未发生就填0。数字前面不能用“+”或“-”号，也不
是万，如发生金额为1000万，只需填写1000。请勿更改此表名称结构和任何步骤，现金余额一栏将自动计算。

序号	业务	经营步骤	责任人	填写单据	第一年	第二年
3	国债业务	国债往前移一格，到期兑付/提前兑付本金	客户经理	填写国债购买表	0	
		填写国债购买表，支付国债投资款			0	
		支付国债购买溢价			0	
		按照本年度国债余额收到国债净利息（扣减提前兑换的手续费）			1400	

图 9-15　银行投融资业务表(2)

9.3　此步骤运用的知识点

9.3.1　商业银行常见投资品种

商业银行的投资品种大致可分为三大类。

一是债券类投资，主要包括国债、地方银保监会债、央行票据、政策性金融债、金融债券、同业存单、非金融企业法人发行的各类债券等。

二是非标债权类投资，包括但不限于信贷资产、信托贷款、委托贷款、承兑汇票、信用证、应收账款、各类受(收)益权、带回购条款的股权融资等。

三是其他类投资,主要是权益类投资和基金投资等。

本实验中,银行涉及的投融资产品包括:银行存款、票据贴现、银行贷款、委托贷款、股票、国债、央票、同业拆借、央行再贷款、转贴现、消费贷款。部分金融产品规则如下。

(1) 股票。各企业和银行均可发行,各企业和银行均可购买。各企业自定发行股票数量、发行价(可溢价或折价发行)、占股份比例等,但应保证控股权不变。为简化报表,在发行方记账时,股票投资款按原值计入实收资本,溢价与折价只通过股份占比不同反映。例如,当 A 企业股东权益为 3 亿元时,想通过股权筹资 1 亿元,如果新股东出资 1 亿元并占股 25%(总股本 4 亿元,其中新股东占 1 亿元),则表示按每股 1 元的平价发行;如果新股东出资 1 亿只能占 1/7 股份(总股本 3.5 亿元,新股东占 0.5 亿元),表示按每股 2 元溢价发行;如果新股东出资 1 亿并占股 40%(总股本 5 亿元,新股东占 2 亿元),表示按每股 0.5 元折价发行。股票发行后,在实验结束时或退出股份时一次性分红(按购买股票后的累计利润×股份占比)。

(2) 央票。由央行组自定发行规模,期限均为 1 年。央票由各银行按上年贷款余额比例分别承担。央票不可提前兑付和转让,年利率 4%。

(3) 国债。溢价率高者优先购买国债,国债按 5 000 万元整数倍购买。企业和银行都可购买国债,转让国债利率双方协商。国债每提前一年兑付,按 1% 支付手续费,单张凭证式国债不能拆分兑付。

(4) 企业存款。均为协议存款,至少一年期,金额至少 5 000 万元。银行报出存款利率后(若银行未报存款利率,默认以基准利率存款),不得拒绝企业存款。

(5) 票据贴现。房地产公司票据可在任何一家银行贴现。外部市场还有家居、建材、高档消费品行业票据待贴现,每年由系统确定每年外部票据总额,老师再选出具体行业票据,由贴现费低的银行先选,贴现费相同则按提交顺序。当上年房地产行业销量同比上升时,高档消费品行业票据将出现延期兑付;当上年房地产行业销量同比下降时,家居、建材将出现延期兑付。银行给出的贴现费率一般不高于该行当年发放给企业的实际贷款最高利率(不含中间业务费率,如当年没有发放贷款,按基准利率),当贴现率过高时,企业可以选择不贴现,当风险过高时,银行也可以选择不贴现。

9.3.2 实验中银行对国债与央票的投资

国债具有以下优点。

(1) 国债票面利率高于同期储蓄利率,利息免征所得税,实际收益比较高。

(2) 国债抵贷变现能力强。

(3) 国债实行实名制,安全可靠。

(4) 国债以国家信誉作担保,保证到期还本付息,风险小,被称为“金边债券”。

在图 9-16 中我们可以看到银保监会对 A 银行与 C 银行的评分是比较低的。

从图 9-17 和图 9-18 中可以看出来,A 银行与 C 银行只购买了国债。其中 A 银行在第二年购买 10 000 万元的国债,其评分从 55.6 分到了 68.6 分。C 银行在第二年购买了 20 000 万元的国债,其评分从 48.2 分到了 65.2 分。我们以 C 银行为例,对比 C 银行在购

项目		权重	第二年银监会对商业银行业的监管评级							
			A		B		C		D	
			比率	得分	比率	得分	比率	得分	比率	得分
流动性	存贷比	10%	61.87%	9.6	71.39%	8.3	64.97%	9.2	59.49%	10.0
	超额准备金比率	5%	31.00%	5.0	22.71%	3.0	27.32%	4.0	33.94%	5.0
态度评价	业务完成规范（速度）	10%	10		10		10		10	
	本年抢答得分	10%	3	8.0	1	3.0	4	10.0	3	8.0
本年评级得分			55.6		76.3		48.2		58.0	
历年累计评级得分			155.6		174.3		141.2		151.0	
小组成绩			89		100		81		87	

图 9-16　银监会对商业银行的监管评级

		银行A	银行B	银行C	银行D	银行E
第二年	期望购买规模（万）					
	愿意支付的溢价（万）					
	溢价率	#DIV/0!	#DIV/0!	#DIV/0!	#DIV/0!	#DIV/0!
第二年实际购买国债（万）	5年期（贷款利率-1%）					
	4年期（贷款利率-1.5%）					
	3年期（贷款利率-2%）	10000		20000		
第二年兑付国债（万）	5年期（贷款利率-1%）					
	4年期（贷款利率-1.5%）					
	3年期（贷款利率-2%）					
	提前兑付的手续费					
	本年国债应收利息（万）	2000	1400	2600	1400	1400

图 9-17　国债购买情况

流动性	存贷比	10%	61.87%	9.6	71.39%	8.3	64.97%	9.2	59.49%	10.0
	超额准备金比率	5%	38.00%	5.0	22.71%	3.0	15.22%	2.0	33.94%	4.0
态度评价	业务完成规范（速度）	10%	10		10		10		10	
	本年抢答得分	10%	3	8.0	1	3.0	4	10.0	3	8.0
本年评级得分			68.6		76.3		65.2		57.0	
历年累计评级得分			168.6		174.3		158.2		150.0	
小组成绩			97		100		91		86	

图 9-18　第二年银监会对各银行评分

买国债前后资产负债表及损益表的相关变化。

根据资产负债表和损益表(见图 9-19 和图 9-20)相关数据,我们可以看出影响商业银行评分的相关指标变化(见图 9-21)。

从图 9-21 中我们可以看出,在购买国债后,C 银行反亏为赢,各项指标都在往好方向变动,购买国债的决策不仅使 C 银行评分更高,还使得 C 银行的盈利能力变强。

当流动性过于宽松时,银行资金宽裕,这个时候银行就会选择购买央票或国债,让多余的资金不至于闲置。

C 银行购买国债前资产负债表

项目	第二年
资产	
现金	42900
存放中央银行款项	23600
拆出资金	0
企业贷款	50000
房产消费贷款	52000
票据	0
理财\信托\股权投资	0
国债投资	20000
央票	0
其他应收款	0
资产合计	188500
负债和所有者权益	
吸收个人存款	137000
吸收企业存款	20000
向中央银行的借款	0
拆入资金	0
负债总计	157000
实收资本	25000
盈余公积	6400
一般风险准备余额	1000
当年未分配利润	-900
所有者权益合计	31500
负债和所有者权益总计	188500

C 银行购买国债后资产负债表

项目	第二年
资产	
现金	24000
存放中央银行款项	23600
拆出资金	0
企业贷款	50000
房产消费贷款	52000
票据	0
理财\信托\股权投资	0
国债投资	40000
央票	0
其他应收款	0
资产合计	189600
负债和所有者权益	
吸收个人存款	137000
吸收企业存款	20000
向中央银行的借款	0
拆入资金	0
负债总计	157000
实收资本	25000
盈余公积	6400
一般风险准备余额	1000
当年未分配利润	200
所有者权益合计	32600
负债和所有者权益总计	189600

图 9-19　第二年 C 银行购买国债前后资产负债表

C 银行购买国债前损益表

项目	第二年
一、营业收入（不含税）	13200
利息收入（不含税）	8300
理财与投资收益（不含税）	2800
中间业务收入（不含税）	2100
减：利息支出	6000
中间业务支出	0
二、毛利	7200
减：管理费用	3700
营业费用分摊	1000
资产减值损失	0
三、营业利润	2500
加：营业外收入	0
减：营业外支出	1500
四、利润总额	1000
减：所得税	300
五、净利润	700
利息收入销项税	500
理财与投资收益销项税	0
中间业务收入销项税	100

C 银行购买国债后损益表

项目	第二年
一、营业收入（不含税）	13200
利息收入（不含税）	8300
理财与投资收益（不含税）	2800
中间业务收入（不含税）	2100
减：利息支出	6000
中间业务支出	0
二、毛利	7200
减：管理费用	3700
营业费用分摊	1000
资产减值损失	0
三、营业利润	2500
加：营业外收入	0
减：营业外支出	1500
四、利润总额	1000
减：所得税	300
五、净利润	700
利息收入销项税	500
理财与投资收益销项税	0
中间业务收入销项税	100

图 9-20　第二年 C 银行购买国债前后损益表

当银行选择将闲置资金用于购买央票时，银行利润是否会有变动。

我们对比了 A 银行在第二年不购买央票和购买 12 000 万元央票时利润的变化，如图 9-22 所示：

	购买国债前	购买国债后	公式
超额准备金率	42900/157000=27.32%	24000/157000=15.29%	(除准备金外其他存款+库存现金）/各项存款
资本收益率	-400/31500=-1.27%	700/32600=2.15%	净利润/股东权益
资产收益率	-400/188500=0.21%	700/189600=0.37%	净利润/资产总计

图 9-21　各项评分指标变化

A 银行购买央票前损益表

项目	第二年
一、营业收入（不含税）	10700
利息收入（不含税）	7500
理财与投资收益（不含税）	1400
中间业务收入（不含税）	1800
减：利息支出	5300
中间业务支出	0
二、毛利	5400
减：管理费用	3700
营业费用分摊	300
资产减值损失	0
三、营业利润	1400
加：营业外收入	0
减：营业外支出	1500
四、利润总额	-100
减：所得税	0
五、净利润	-100
利息收入销项税	500
理财与投资收益销项税	0
中间业务收入销项税	100

A 银行购买央票后损益表

项目	第二年
一、营业收入（不含税）	11200
利息收入（不含税）	8000
理财与投资收益（不含税）	1400
中间业务收入（不含税）	1800
减：利息支出	5300
中间业务支出	0
二、毛利	5900
减：管理费用	3700
营业费用分摊	300
资产减值损失	0
三、营业利润	1900
加：营业外收入	0
减：营业外支出	1500
四、利润总额	400
减：所得税	100
五、净利润	300
利息收入销项税	500
理财与投资收益销项税	0
中间业务收入销项税	100

图 9-22　利润变化

在不购买央票时，我们可以发现 A 银行的净利润是-100 万元，处于亏损状态，而购买央票之后，利息＝12 000 万元×4%＝480 万元（向上取整 500 万元）（在前面关于央票的相关规则中，我们知道，央票的年利率是 4%，由此可算出购买央票可获得的利息。）

由此算出利润总额为 400 万元。所得税＝400 万元×25%＝100 万元

净利润＝400 万元－100 万元＝300 万元

从这个例子，我们可以考虑利用购买国债或央票等投资方式，使银行业绩“扭亏为盈”。

9.3.3　如何引导企业选择理财产品

在现实中，企业理财的目的是要最大效能地利用闲置资金，提升资金的总体收益率。

企业理财中常见的理财品种有：股票、银行理财产品、票据贴现、委托贷款、信托产品、国债、中长期存款、短期存款等。

本实验中涉及的企业理财产品有：银行存款、票据贴现、银行贷款、委托贷款、股票、国债。相关规则见上述银行理财规则。

选择不同的投资方式，对企业效益变化的影响是怎样的呢？

以 A 公司为例，企业在第一年年末有 3 亿元左右的资金。我们可以选择对公存款、

购买国债等方式进行投资。

不同的投资方式对利润的影响如何呢？如图 9-23 所示，我们可以看出，闲置资金用于对公存款后，可获得的利息 = 30 000 万元×2% = 600 万元。而购买 5 年期国债可获得的利息 = 30 000 万元×7%(贷款利率-1%) = 2 100 万元

公司将年末的 3 亿元资金用于对公存款，获得净利润为 400 万元，而用于购买国债后净利润变为了 2 100 万元。我们还可以发现，不仅购买国债的净利润更高，并且所得税额为 0。这是由于国债利息收入是免税的。

3 亿元用于对公存款

项目	第一年
一、不含税主营业务收入(商品房、别墅、限价房和城建工程)	38600
不含税主营业务收入(转让土地)	0
减：所售商品房、别墅、限价房土地费	18000
各类工程建安费（不含税）	4600
转出土地的成本	0
城建工程技术设计费用（不含税）	0
景观费与规划设计费（不含税）	8200
二、毛利	7800
减：管理费用	4500
营销费用（不含税）	900
财务费用	1800
三、营业利润	600
加：投资理财收益	0
加：营业外净收益	0
四、利润总额	600
减：所得税	200
五、净利润	400

3 亿元用于购买国债

项目	第一年
一、不含税主营业务收入(商品房、别墅、限价房和城建工程)	38600
不含税主营业务收入(转让土地)	0
减：所售商品房、别墅、限价房土地费	18000
各类工程建安费（不含税）	4600
转出土地的成本	0
城建工程技术设计费用（不含税）	0
景观费与规划设计费（不含税）	8200
二、毛利	7800
减：管理费用	4500
营销费用（不含税）	900
财务费用	300
三、营业利润	2100
加：投资理财收益	0
加：营业外净收益	0
四、利润总额	2100
减：所得税	0
五、净利润	2100

图 9-23　不同投资方式的净利润

这样看来，似乎购买国债对于企业更有好处，但同时我们还应该看到购买国债对企业资金流动性的影响。如何做出投资决策还应当用结合企业实际综合评估。

如果我们选择股票投资呢？假定在第 2 年，A 公司选择购买 A 银行(股东权益为 25 000万元)平价发行的股票 5 000 万元，此时 A 公司出资占比为 1/6。

在第 3 年年初，由于 A 银行此时处于亏损状态，不进行分红，待第三年扭亏为盈后，在第四年分红，此时其他股东选择分红转增为股东资本，A 公司持有股权会发生变化。

第 3 年年末，A 银行净利润为 3 000 万元，按比例分红，A 公司获得分红股利 500 万元。由于其他股东选择分红转增为股东资本，股权占比会发生变化：

$$\text{A 公司股权占比}=\frac{\text{A 公司股东权益}}{\text{初始总股东权益+新增股东资本}}=\frac{5000}{25000+5000+3000-500}=\frac{2}{13}$$

可以看出，A 公司的股权占比从 1/6 变成了 2/13，股权被稀释了，以后年度获得分红的比例就会相应减少。

假定 3 亿资金全部投资购买多家银行和企业发行的股票，分红收益取决于股票发行方的经营状况。与国债相比，不考虑交税时投资每家银行或企业 5 000 万元，每家每年至

少保证 2 100 万元/6 家 = 350 万元分红才更划算，如按照上述案例中分红前股权占比计算，股票发行方需保证每年 2 100 万元净利润。如考虑交税时分红要高于 350 万元，发行方年净利润高于 2 100 万元才划算。

若发行方经营前景不乐观的情况下投资购买国债会更“划算”。

10 商业银行风险管控实验

10.1 实验要求

◆ 能够分析商业银行贷款总量与贷款结构；
◆ 能够理解不良贷款处置方式。

10.2 实验步骤

一、教师端

在实验中，假定由学生来扮演央行组成员。此时，央行需要对商业银行的信贷规模随时监控。进入沙盘总控台图 10-1 点击"沙盘操作运营"。

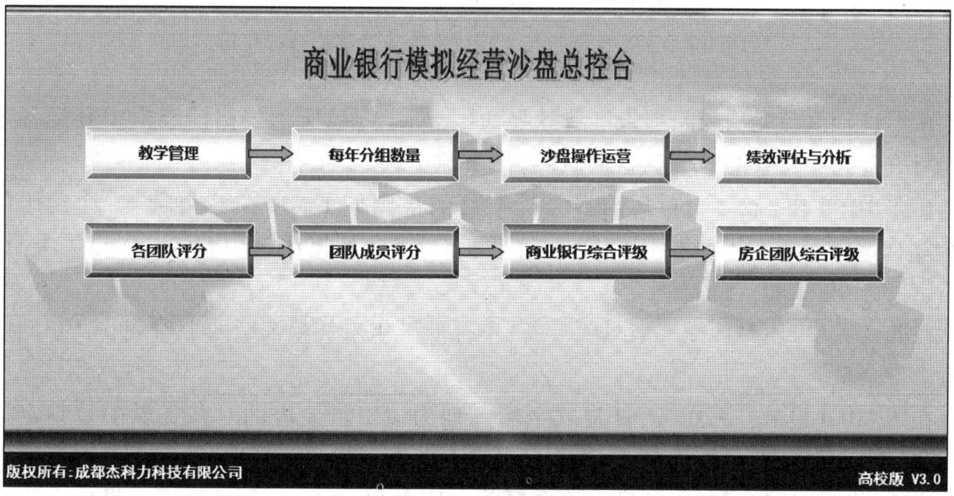

图 10-1 沙盘总控台

在进入沙盘操作运营界面后,点击“不良贷款与风险计提”,如图 10-2 所示。

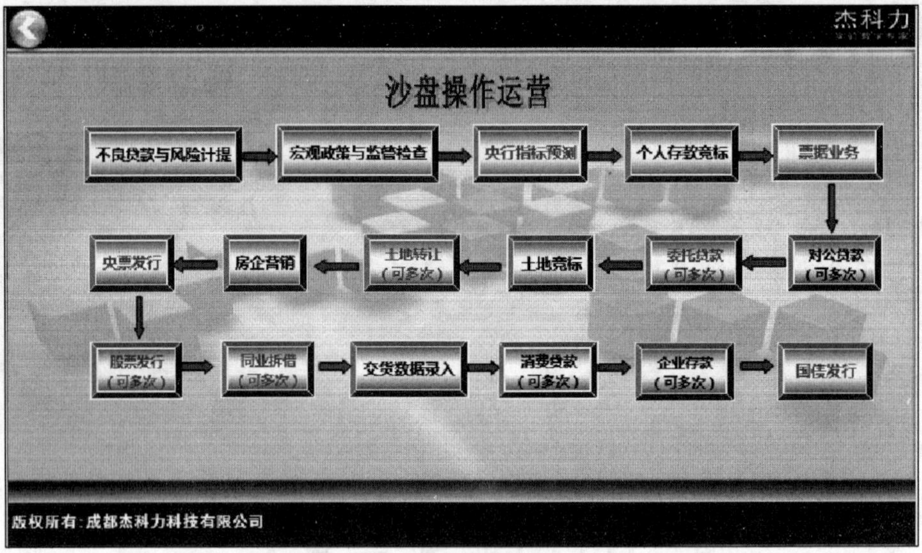

图 10-2　沙盘操作运营

在不良贷款与专项风险准备金计提选择年份界面选择相应的年份(见图 10-3)。

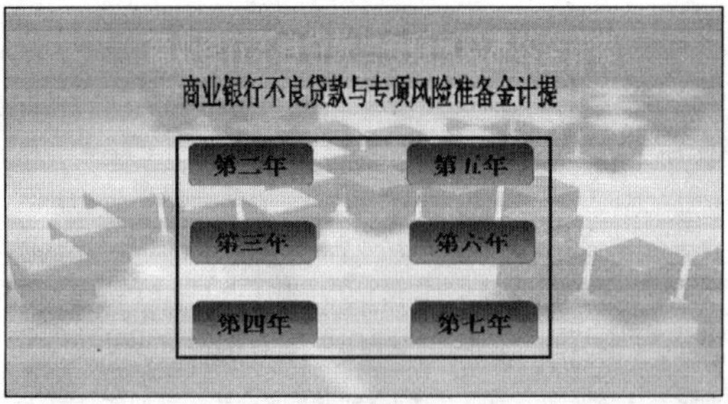

图 10-3　不良贷款与专项风险准备金计提选择年份

在不良贷款与专项风险损失准备计界面(见图 10-4)所示表格的红框中登记各家银行分别给各企业发放的对公贷款余额(数据来源于表 10-1)。

在图 10-4 中,最后一行风险损失提取比例规则如下:① 关注类贷款:计提比例为 2%;② 次级类贷款,计提比例为 25%;③ 可疑类贷款,计提比例为 50%;④ 损失类贷款,计提比例为 100%。

在此实验中,还要计提一般风险准备:不得低于年末贷款余额的 1%(见图 10-5:一般风险准备余额)

在图 10-4 最后三列中,不良贷款金额一列为该银行发放的对公贷款中被判定为不良贷款(次级类贷款、可疑类贷款、损失类贷款)的总金额;专项风险损失余额为该银行每一笔贷款乘以该笔贷款对应的风险损失提取比例之和;本年专项风险损失提取金额为当年专项风险损失余额减掉上一年专项风险损失余额。

六家商业银行	第三年商业银行不良贷款与专项风险损失准备计提								
	六家房地产企业						本年专项风险损失提取金额(万)	不良贷款金额(万)	专项风险损失余额(万)
	A 贷款余额(万)	B 贷款余额(万)	C 贷款余额(万)	D 贷款余额(万)	E 贷款余额(万)	F 贷款余额(万)			
A	20000						0	0	0
B				10000			10000	10000	10000
C		20000					400	0	400
D							0	0	0
E							0	0	0
F							0	0	0
贷款分类	正常类贷款	关注类贷款	正常类贷款	损失类贷款	损失类贷款	损失类贷款			
风险损失提取比例	0%	2%	0%	100%	100%	100%			

图 10-4　不良贷款与专项风险损失准备计提

商业银行资产负债表　单位：万元

项目	年初数	第一年	第二年	第三年
资产				
现金	10000	31400	请填管理费	请填管理费
存放中央银行款项	4500	15000	0	0
拆出资金	0	0	0	0
企业贷款	7000	17000	17000	17000
房产消费贷款	0	28600	28600	28600
票据	0	0	0	0
理财\信托\股权投资	0	0	0	0
国债投资	20000	20000	20000	20000
央票	20000	20000	20000	20000
其他应收款	0	0	0	0
资产合计	61500	132000	85600	85600
负债和所有者权益				
吸收个人存款	30000	70000	70000	70000
吸收企业存款	0	30000	30000	30000
向中央银行的借款	0	0	0	0
拆入资金	0	0	0	0
负债总计	30000	100000	100000	100000
实收资本	25000	25000	25000	25000
盈余公积	6400	6400	6500	6500
一般风险准备余额	100	500	500	500
当年未分配利润	0	100	0	0
所有者权益合计	31500	32000	32000	32000
负债和所有者权益总计	61500	132000	132000	132000

图 10-5　商业银行资产负债表

在现实中，还有特种风险准备计提（在此实验中不涉及）：由银行根据不同类别（如国别、行业）贷款的特种风险情况、风险损失概率及历史经验，自行确定按季计提比例。

根据各项数据，央行可对商业银行的资产质量进行考察，分析银行的不良贷款额和不良贷款率。此时我们可以打开商业银行模拟经营实验分析工具，进入商业银行模拟经营实验总控台，点击下方的绩效评估与分析模块，点击商业银行绩效分析。

如图 10-6 所示，可以查看、分析每家商业银行在各个年度的资产安全状况：不良贷款率和拨备覆盖率。

本实验中贷款五级分类标准，如图 10-7 所示。

第三年银监会对商业银行业的监管评级											
项目		权重	A	B		C		D		E	
			得分	比率	得分	比率	得分	比率	得分	比率	得
资产充足状况	资本充足率	5%	4.0	32.60%	3.0	60.45%	5.0	29.99%	2.0	0.00%	0.
	核心资本充足率	5%	4.0	31.19%	3.0	58.58%	5.0	28.86%	2.0	0.00%	0.
资产安全状况	不良贷款率	10%	10.0	0.00%	10.0	0.00%	10.0	0.00%	10.0		0.
	拨备覆盖率	5%	5.0		5.0		5.0		5.0		0.
盈利状况	资本收益率（ROE）	20%	20.0	4.61%	11.0	2.78%	6.0	8.14%	19.0	0.00%	0.
	资产收益率（ROA）	20%	20.0	0.64%	10.0	0.36%	6.0	1.13%	17.0	0.00%	0.
流动性	存贷比	10%	8.3	71.12%	6.3	44.79%	10.0	61.03%	7.3		0.
	超额准备金比率	5%	4.0	20.70%	2.0	45.90%	5.0	18.97%	2.0	0.00%	0.
态度评价	业务完成规范（速度）	10%	)	10		10		10		0	
	本年抢答得分	10%	10.0	2	10.0	0	0.0	(1)	-5.0	0	0.
本年评级得分			3	70.3		62.0		69.3		0.0	
历年累计评级得分			.9	244.6		203.2		220.3		0.0	
小组成绩			0	98		81		88		0	

图 10-6　银监会对商业银行的监管评级

	资产负债率	销售利润率
正常类贷款	<80%	>0
关注类贷款	<80%	<=0
次级类贷款	80%-100%	>0
可疑类贷款	80%- 100%	<=0
损失类贷款	>100%	——

图 10-7　贷款五级分类标准

在本实验中，银行的贷款主要有企业贷款，消费贷款。在此实验中，贷款五级分类需要根据资产负债率和利润率两个指标来判断。因此，消费贷款和同业拆借不参与五级贷款分类评价。

二、学生端

学生在商业银行的经营过程中，要时刻关注自己的不良贷款率。调查对公贷款合作房地产公司的报表，查看该公司的损益表和资产负债表（见图 10-8）确认该公司的资产负债率和利润率。这样便可以对企业能否到期还款有了一定的了解，对本行的对公贷款也有了相应的评级。

而不良贷款率的计算，现实中首先银行要去了解相关企业的经营状况，是否有能力还款，若是到期无法还款，该笔贷款便是银行的不良贷款，那么便可以计算不良贷款率了。

当不良贷款出现时，现实情况下的处置可以参见案例。而在本次实验中，商业银行可参考上面的五级分类进行判断。在银行运营系统主界面点击现金管理，如图 10-9 所示。

在表 10-1 中登记上年年末对公贷款各企业余额并上交中央银行银监会小组，教室端登记后会自动统计本年专项风险损失提取金额（见图 10-4），将提取金额登记到图 10-10 对应单元格中，同时将盘面对应对公贷款按照计提比例提取相应记账筹码至专项贷款损失准备栏。

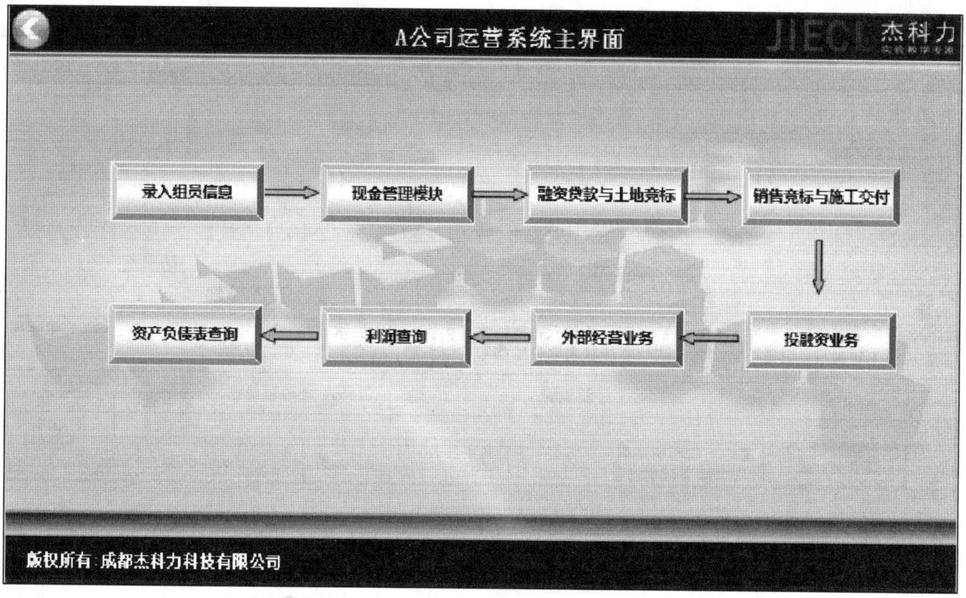

图 10-8 房地产公司营业主界面

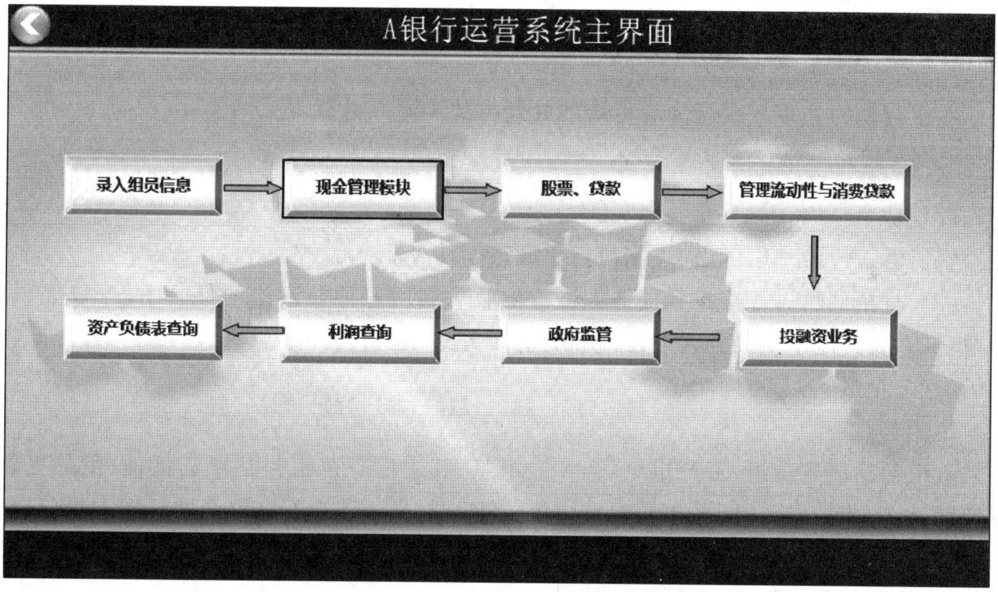

图 10-9 银行运营系统主界面

表 10-1 商业银行年末贷款余额 单位:万元

	企业 A	企业 B	企业 C	企业 D	企业 E	企业 F
第一年						
第二年						
第三年						

续表

	企业 A	企业 B	企业 C	企业 D	企业 E	企业 F
第四年						
第五年						
第六年						

现金管理模块

填写说明：请在每一年的发生金额一栏中填写数字后将自动生成报表，未发生就填0。数字前面不能用“+”或“-”号，也不用发生金额为1000万，只需填写1000。请勿更改此表名称结构和任何步骤，现金余额一栏将自动计算。

序号	业务	经营步骤	责任人	填写单据	第一年	第二年
		期初现金余额			10000	31400
	1、准备金计提	清空上年所有费用栏，填写年末贷款余额表，计提专项贷款损失准备	全体成员	年末贷款余额表	0	

图 10-10　现金管理模块

10.3　此步骤运用的知识点

10.3.1　不良贷款处置方式

不良贷款的处置方式可分为传统的处置方式和新兴处置方式两类。

一、传统的不良资产处置方式

1. 清收

（1）诉讼追偿。用诉讼、强制执行手段追偿债务。

（2）直接催收。直接找到债务人进行催收。利用各种非诉讼的催收手段，督促债务人/担保人及其他还款义务人偿还债务的清收方式，包括协商还款、电话催收、公告催收、信函（含公证送达）催收等方式。

2. 重组

重组包括债务重组、资产重组、企业重组等，其中债务重组包括以资抵债、债务更新、资产置换、商业性债转股、折扣变现及协议转让等方式。作为不良资产处置中大量使用的一种方式，融资租赁公司可自行或参与资产重组，包括债务重组、企业重组、资产置换、以物抵债、修改债务条款、并购等。

该处置方式适用于生产经营正常、有发展前景，或具有经营特许、上市公司或有大型企业支撑的企业，可通过重组增强还款能力、增强担保能力，融资租赁公司也可将不良资产直接转化为现金、实物资产或股权资产，以实现重组权益。

一般意义上的债务重组，是指在债务人发生财务困难的情况下，债权人按照其与债务人达成的协议或法院的裁定做出让步的事项。

资产重组的具体实施关键是前期调查及程序要求，资产重组的核心实质是履约变更，而对新履行方式，如抵债物、置换资产，或是企业分立、合并和破产重整等，均涉及重启大量论证、尽职调查及评估工作，重新确定履约主体、方式、期限等；而履约变更涉及上市公司、国有企业等特殊主体均有繁杂的审批或披露程序要求，建议委托律师事务所参与处置、亦须注意目前实践中较为普遍的银保监会主导因素。

附重组条件类不良资产经营模式：本质类似于放贷。资产管理公司（以下简称 AMC）与债权企业、债务企业三方达成重组协议，向债权企业收购债权，同时与债务企业及其关联方达成重组协议，通过还款时间、金额、还款方式以及担保抵押等一系列重组安排，实现未来债权的回收。针对流动性暂时出现问题的企业，用个性化的债务重组，进行信用风险重新定价，优化、盘活存量问题的债权资产。

3. 债转股

根据《金融资产管理公司条例》规定，资产管理公司可以将收购国有银行不良贷款取得的债权转为对借款企业的股权。实施债权转股权的企业，由国家经济贸易委员会向金融资产管理公司推荐。金融资产管理公司对被推荐的企业进行独立评审，制定企业债权转股权的方案并与企业签订债权转股权协议。债权转股权的方案和协议由国家经济贸易委员会会同财政部、中国人民银行审核，报国务院批准后实施。

现阶段，我国并存着两种债权转股形式：一是国有企业政策性债权转股权；二是非政策性企业债权转股权。两种债权转股权形式本质上并无不同，但国有企业政策性债权转股权作为国务院解决企业银行债务问题，而由金融资产管理公司所采取一项特别措施，必须经过特殊审批程序，并在国务院统一的安排下进行。而非政策性企业债权转股权，则无须特殊的审批程序，是否将债权人的债权转为对债务人的股权，完全出于当事人的自愿。

4. 多样化出售

不良资产多样化出售的目的是最大限度地以最高价格出售不良资产。“出售”作为清算不良资产的重要渠道，从交易对象上说，主要是债权人将不良资产以各种形式向债务人以外的主体转让；从交易价格上讲，则主要是按照不良资产的市场价值进行交易；从交易标的物上来看，则是运用各种技术对不良资产处理之后形成的各种资产。

5. 租赁

租赁是指在所有权不变的前提下，出租者通过采取契约的形式将所出租的财产按照一定的条件、期限交给承租者占有、支配和使用，承租者向出租者交纳租金方式收回现金。租赁终止时，承租者将财产完整地返还给出租者。金融资产管理公司处置不良资产的最终目的是收回现金，但在实际处置过程中，经常会收回一些非现金资产，其中包括机器设备等生产要素，也会出现取得企业所有权的情况。

我国已有资产管理公司与融资租赁合作进行不良资产多元处置，如长城资产管理公司商业化转型收购重组原新疆金融租赁有限公司。

6. 破产重整

破产重整是对可能或已经发生破产原因但又有希望再生的债务人，通过各方利害关系人的协商，并借助法律强制性地调整他们的利益，对债务人进行生产经营上的整顿和债权债务关系上的清理，以期摆脱财务困境，重获经营能力的特殊法律程序。

7. 破产清偿

该处置方式适用于承租人资不抵债，无力偿还租金及其他款项，担保措施亦无法实现,而租赁财产又出现毁损而无法取回另行处置,承租人无力继续经营的情形。

二、新兴的不良资产处置方式

1. 纯通道方式

所谓“纯通道”,就是银行通过通道机构让不良资产暂时出表,但实质风险并没有实现完全转移。其具体做法为,银行先卖出不良资产包(债权),和买方签订回购协议或者通过收益互换收回不良资产的受益权。

扮演此类通道角色的买方,主要是四大资产管理公司、企业(收购不良资产包换贷款利息优惠等)和其他资产管理类企业。

2. 分级持有方式

该方式在通道方式的基础上,设立分级结构化资管计划,由银行理财认购优先级,AMC 认购中间级,银行和 AMC 共同认购劣后级。

3. AMC 主导卖断反委托,处置分行承担责任

卖断反委托方式和上述两种方式的最大不同,就在于卖断不再涉及回购,在具体交易结构中,不再嵌有资管计划。

4. 基金方式

银行先将不良资产债权转让给资产管理公司,然后由银行的子公司和资产管理公司成立基金,该基金受让资产管理公司的不良资产收益权,在基金中做分层设计,即银行认购基金的优先级,资产管理公司或社会投资者认购劣后级份额,基金委托资产管理公司或银行来对不良资产进行清收。整个基金的分配完全取决于不良资产的清收回款,银行和资产管理公司不承担任何暗兜责任。因此,对于银行而言,不良资产是真实出表,不存在通道类假出表的业务。

在该方式中,不良资产处置基金由银行投资子公司和 AMC 子公司合资成立的 GP,以及 AMC 共同组建而成。不良资产处置基金委托银行和 AMC 子公司的合资顾问公司进行管理,再由其委托资产服务商进行处置。

5. 合作资金池-资产池方式

该方式为几家银行共同打包不良资产转让给 AMC,AMC 再将收益权转让给资管计划,由几家银行加上 AMC 共同出资认购资管计划。

6. 不良资产证券化

不良资产证券化,是以不良资产所产生的现金流作为偿付基础,发行资产支持证券的业务过程,通过 SPV 把不良债权打包买断后设计成证券化产品发售。不良资产证券化包括不良贷款、准履约贷款、重组贷款、不良债券和抵债资产的证券化,其中不良贷款证券化占据主导地位。2016 年 4 月 19 日中国银行间市场交易商协会发布《不良贷款资产支持证券信息披露指引(试行)》,对不良贷款资产支持证券发行环节、存续期间、重大事件以及信息披露评价与反馈机制做出明确规定,为不良贷款证券化试点开展提供了具体操作准则,标志着不良贷款证券化重启。

发生不良贷款对企业和银行来说都是一个比较糟糕的情况,企业可能会面临破产,银行可能会被查处,各利益相关方都可能受影响。那么如何才能在不良贷款的处置中实现各方面利益平衡,达成三赢或者四赢呢?

【案例】

以 2017 年最火的电视节目《人民的名义》为例，解释一下什么是“过桥贷款”。剧情就是围绕大风厂的资金问题展开。这家民营服装厂是经国企改制而来，出于经营的资金链需求，该公司每年都会向当地城商行贷款，长此以往，形成了旧贷还新贷的局。

过桥贷款的定义是金融机构 A 拿到贷款项目之后，本身由于暂时缺乏资金没有能力运作，于是找金融机构 B“商量”，让 B 帮忙发放资金，等 A 金融机构资金到位后，B 则退出。这笔贷款对于 B 来说，就是所谓的过桥贷款。在我们国家，扮演金融机构 A 角色的主要是国开行、进出口行、农发行等政策性银行，或者民间金融机构，扮演金融机构 B 角色的主要是商业银行。这项业务如果做得好可以实现三赢。

简单而言，可以通过过桥资金与长期资金对接，使得借款人短时间内的资金缺口得以填补。《人民的名义》中，蔡成功将大风厂全部股权以 5 000 万元的价格质押给山水集团做过桥贷款，日息 4‰，使用 6 天。算下来利息大约是 120 万元。

这么高额的利息，为什么蔡成功愿意支付呢？

这是由于之前蔡成功每年都得在商行办理贷款，而由于资金周转不良，贷款还不上，这笔贷款即将变成不良贷款。这笔贷款不还上，对商行来说，不良贷款率上升，银行可能会被银保监会调查，行长可能会被查处。对大风厂来说，企业资产可能会被清算，职工面临失业。这当然不是大家想看到的局面。

那么如何可以避免这种情况发生呢？

这就引入了过桥贷款，山水集团作为第三方，借资给大风集团，获取一定的过桥费用。大风厂得到资金之后，先把贷款还上，然后再申请新的贷款，新贷款下来后，再还款给山水集团，支付过桥费用。这样一来，如果顺利的话，银行的贷款也还上了，大风厂的资产不会被清算，银行的不良贷款没有了，行长不会被查处，山水集团也得到了一笔价值不菲的过桥费用，是不是三赢呢？

10.3.2 商业银行不良贷款预警

【案例】

银监会公布对某银行成都分行违规授信案开出的上亿级别罚单。银监会通报称，四川银监局依法对某银行成都分行罚款 4.62 亿元；对某银行成都分行原行长、2 名副行长、1 名部门负责人和 1 名支行行长分别给予禁止终身从事银行业工作、取消高级管理人员任职资格、警告及罚款，对 195 名分行中层及以下责任人员内部问责。银监会发布的公告称，在现场检查中，发现某银行成都分行为掩盖不良贷款，通过编造虚假用途、分拆授信、越权审批等手法，违规办理信贷、同业、理财、信用证和保理等业务，向 1 493 个空壳企业授信 775 亿元，换取相关企业出资承担某银行成都分行不良贷款。媒体报道显示，某银行成都分行最终形成不良资产在 100 亿元左右。银监会指出，这是一起某银行成都分行主导的有组织的造假案件，涉案金额巨大，手段隐蔽，性质恶劣，教训深刻。

据悉，此次涉案的当事人、某银行成都分行原行长王某，热爱读“毛选”，嗜好抽烟，他曾评价自己“不求财”，并被誉为“有深刻思想的银行家”。在王某的领导下，某银行成都分行连续4年被四川银监局评为内控监管“优秀”。此前，某银行成都分行之前宣称“长期不良贷款为零”。王某曾认为，银行长久经营的本质要素是抓住形态不变的增值资本和稳定的现金流量，因此要把水电、钢铁、煤等资源产业作为支柱项目、基础项目来抓，这种思维也曾给某银行带来不少收益。

某银行成都分行成立不久后，钢铁业不景气，但该银行成都分行却为钢铁业贷出6个亿。不到半年，钢铁价格上涨，这些企业都成了某银行回报最大的客户。此后，某银行成都分行把水电、钢铁、煤等信贷业务作为支柱项目、基础项目来抓。但在2012年后，银行业告别高速增长期，实体产业也开始产能逐渐过剩，成都分行出现了很多巨额逾期贷款。为了“粉饰太平”，成都分行才上演了资本腾挪之术：即通过编造虚假用途、分拆授信、越权审批等手法，违规办理信贷、同业、理财、信用证和保理等业务，向1 493个空壳企业授信775亿元，换取相关企业出资承担某银行成都分行不良贷款。经济下行导致不良资产激增是事实，但是违规放贷掩盖不良资产却是人为。而更让人震惊的是，一个分行能够做成近800亿元的违规“盘子”，而这些完全是在总行不知情的状况下完成的。从某银行2017年半年报可以看到，2017年不良贷款率2.09%，相比2016年的1.89%，上升了0.2个百分点。

“目前来看国内银行总行对分行的监管，有一悖论，如果过细监管，就会影响利润。”业内人士表示，“某银行过去对分行的监管是有一些简单的监管，如总行审计和超过审批权限上报，但这些环节过于表面化。其实，审计部门如果早点发现成都分行的问题，会立即处理的。”

另有业内人士表示，出现“违规授信”往往有多种原因：专业能力问题、对于经济政策走势、授信对象所在行业的发展趋势、授信对象的企业状况、项目的具体情况、行内的管理制度等没有充分掌握；不当刺激，导致当事人铤而走险；具体人员的道德风险导致内部作案等，不同的原因需要有不同的应对措施。

银行如果隐瞒不良资产，会导致三个结果：最好的结果是经济再一次复苏，不良贷款变成优质贷款，说不定还可以赚更多的钱，但是这需要比较长的时间。

次好的结果是不良贷款一直这么隐瞒着，不良贷款率仍然很低，并且还可以继续收取很高的利息，成都分行领导的绩效考核优良，奖金照发，高薪照拿，但是坏处是这部分资金银行收不回来，就变成死货币，成都银行的信用进一步收缩，贷款总资产增速进一步萎缩。不过这个好解决，可以通过总部来申请额度。

最坏的结果只有一个就是被监管发现，人财两空；最后一个选择是揭开、不掩盖不良资产，这样高管不但奖金和高薪拿不到，很大可能被撤职，并且这部分信贷一样成为坏账，资产扩张速度照样萎缩。

案例分析：

某银行成都分行在不良贷款处理及预警上有哪些问题？

参考答案：

一是内控严重失效，该分行多年来采用违规手段发放贷款，银行内控体系未能及时发现并纠正；二是片面追求业务规模的超高速发展，该分行采取弄虚作假、炮制业绩的不当手段,粉饰报表、虚增利润,过度追求分行业绩考核在总行的排名;三是合规意识淡薄,为达到绕开总行授权限制、规避监管的目的,该分行化整为零,批量造假,以表面形式的合规掩盖重大违规。

在本实验中,以第二年数据为例,我们发现 B 银行的不良贷款额和不良贷款率较高,通过查询的数据,接下来我们便要分析该银行出现此情况的原因。

央行通过绩效评估与分析的界面,点击查看各银行运营,选择 B 银行的业务运营数据,进入该家银行的运营系统主界面,选择股票、贷款、信托业务页面(如图 10-11 所示),可以查询到本银行的企业贷款数据。

股票、贷款业务

填写说明:请在每一年的发生金额一栏中填写数字后将自动生成报表,未发生就填0。数字前面不能用“+”或“-”号,也不位是万,如发生金额为1000万,只需填写1000。请勿更改此表名称结构和任何步骤,现金余额一栏将自动计算。

序号	业务	经营步骤	责任人	填写单据	第一年	第二年
1	对公贷款业务	企业贷款往前移一格,贷款到期/提前收回本金(按盘面记帐筹码金额,不包括已计提损失的贷款本金)	信贷经理	填写对公贷款表,签订贷款协议	0	17000
		本年及以前已计提损失准备的贷款又收回来了			0	
		填写对公贷款表,发放企业贷款,填写贷款协议书			10000	60000
		按企业贷款余额收到利息;企业提前还贷或延后还贷加收违约金			1400	5400
		收到企业的额度占用费和财务评审费等			400	1300

图 10-11 股票、贷款业务

选择管理流动性与消费贷款界面,可以查询到本银行消费贷款和同业拆借数据。

那么央行便可以从上图 10-12 分析出该银行信贷结构的具体状况,以及出现高额不良贷款的原因。可以发现的是 B 银行的对公贷款的额度比较高导致的。

序号	业务	经营步骤	责任人	填写单据	第一年	第二年
3	同业拆借	盘面资产栏的同业拆借(借)往前移一格,到期收回/提前收回本金	行长	填写同业拆借表	0	0
		盘面负债栏的同业拆借(贷)往前移一格,到期偿还/提前偿还本金			0	0
		存贷比超标的银行同业拆借,填写同业拆借表,借入资金			0	0
		同业借出资金			0	0
		按盘面资产栏的同业拆借(借)余额收到利息;对方无法偿还时收到违约金			0	0
		按盘面负债栏的同业拆借(贷)余额支付利息;无法偿还时支付违约金			0	0
4	个人消费贷款	原有消费贷款向前移一格,填写消费贷款表,办理新消费贷款业务,金额为(5年期)	信贷经理	填写消费贷款表	28600	20000
		收到企业办理消费贷款支付的额度占用费			600	600
		本年度央行宣布的贷款基准利率为			8.00%	8.00%
		收到消费者支付的消费贷款余额利息,金额为			2300	3900
		消费贷款由消费者每年等额偿还本金				5800
		盘点消费贷款余额为			28600	42800

图 10-12 管理流动性与消费贷款

而在第三年 B 企业在贷款到期的时候无法偿还,软件根据实验中设定的不良贷款评级标准以及计提率，将该笔贷款评定为可疑类贷款，并计提 30 000 万元的专项风险损失金额。因可疑类贷款的判定条件之一为企业资产负债率超过 80%，此时 A 企业的资产负债率已超过规则限定的 65%，央行组也对 B 银行罚款 1 500 万元。（如图 10-13 所示）

第三年商业银行不良贷款与专项风险损失准备计提

六家商业银行	六家房地产企业 A 贷款余额（万）	B 贷款余额（万）	C 贷款余额（万）	D 贷款余额（万）	E 贷款余额（万）	F 贷款余额（万）	本年专项风险损失提取金额(万)	不良贷款金额(万)	专项风险损失余额（万）
A		40000					800	0	800
B	60000						30000	60000	30000
C			50000				25000	50000	25000
D				30000			600	0	600
E							0	0	0
F							0	0	0
贷款分类	可疑类贷款	关注类贷款	可疑类贷款	关注类贷款	损失类贷款	损失类贷款			
风险损失提取比例	50%	2%	50%	2%	100%	100%			

图 10-13　商业银行不良贷款与专项风险损失准备计提

11

监管机构对商业银行的评级及监管实验

11.1 实验要求

- 能够知道商业银行评级指标分类及计算；
- 能够理解商业银行各种经营行为对评级指标的影响。

11.2 实验步骤

一、教师端

如图 11-1 和图 11-2,点击“商业银行综合评级”选项,选择相应年份,根据各银行益表及资产负债表数据计算出相关结果,得出结果后公示(如图 11-3 所示)。

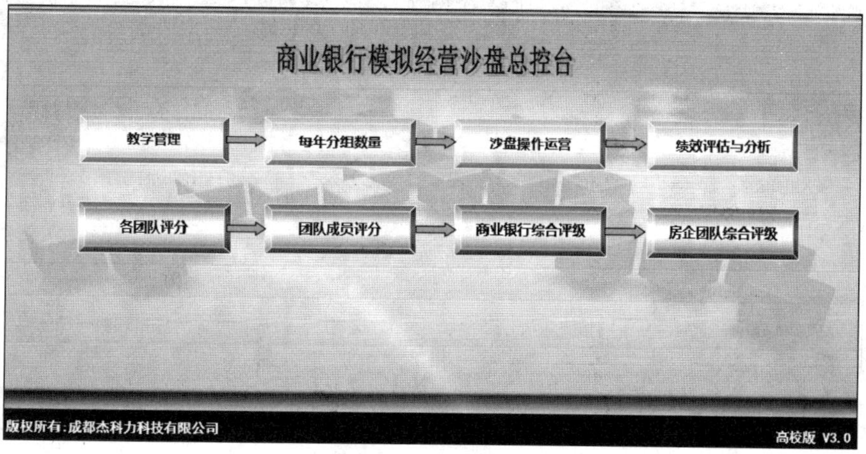

图 11-1 商业银行模拟经营实验总控台

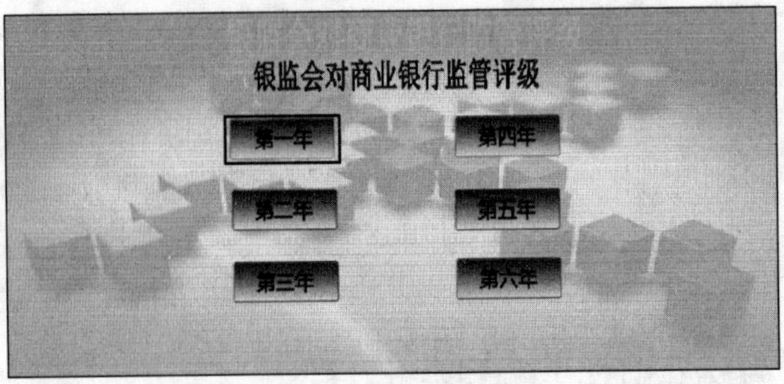

图 11-2　银监会对商业银行监管评级主界面

第一年银监会对商业银行的监管评级														
项目		权重	A		B		C		D		E		F	
			比率	得分	比率	得分	比率	得分	比率	得分	比率	得分	比率	得分
资产充足状况	资本充足率	5%	102.24%	5.0										
	核心资本充足率	5%	100.64%	5.0										
资产安全状况	不良贷款率	10%		10.0										
	拨备覆盖率	5%		5.0		5.0		5.0		5.0				
盈利状况	资本收益率（ROE）	20%	1.56%	20.0										
	资产收益率（ROA）	20%	0.38%	20.0										
流动性	存贷比	10%	45.60%	10.0										
	超额准备金比率	5%	31.40%	5.0										
态度评价	业务完成规范（速度）	10%	10		10		10		10					
	历年抢答得分	10%		10.0		10.0		10.0		10.0				

图 11-3　银监会对商业银行的监管评级表

二、学生端

软件根据各小组经营过程数据自动生成损益表与资产负债表（注意：房产组也需要做相关操作），各小组查询无误后上交老师（如图 11-4、图 11-5、图 11-6 所示）。

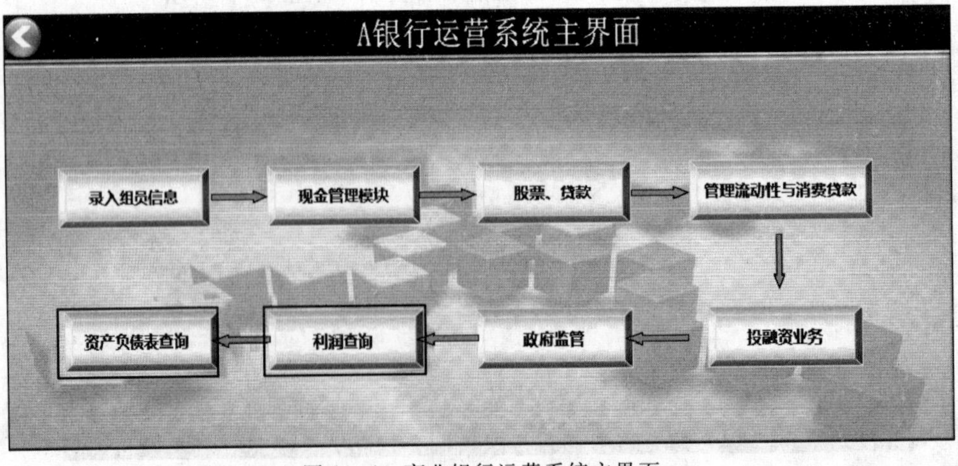

图 11-4　商业银行运营系统主界面

商业银行资产负债表 单位：万元

项目	年初数	第一年	第二年	第三年
资产				
现金	10000	31400	请填管理费	请填管理费
存放中央银行款项	4500	15000	0	0
拆出资金	0	0	0	0
企业贷款	7000	17000	60000	60000
房产消费贷款	0	28600	42800	42800
票据	0	0	0	0
理财\信托\股权投资	0	0	0	0
国债投资	20000	20000	20000	20000
央票	20000	20000	20000	20000
其他应收款	0	0	0	0
资产合计	61500	132000	142800	142800
负债和所有者权益				
吸收个人存款	30000	70000	100000	100000
吸收企业存款	0	30000	30000	30000
向中央银行的借款	0	0	0	0
拆入资金	0	0	0	0
负债总计	30000	100000	130000	130000
实收资本	25000	25000	25000	25000
盈余公积	6400	6400	6500	12600
一般风险准备余额	100	500	1000	1000
当年未分配利润	0	100	6100	0
所有者权益合计	31500	32000	38600	38600
负债和所有者权益总计	61500	132000	168600	168600

图 11-5 商业银行资产负债表

商业银行损益表 单位：万元

项目	第一年	第二年	第三年
一、营业收入（不含税）	6500	10600	0
利息收入（不含税）	4200	8800	0
理财与投资收益（不含税）	1400	0	0
中间业务收入（不含税）	900	1800	0
减：利息支出	3300	0	0
中间业务支出	0	0	0
二、毛利	3200	10600	0
减：管理费用	2600	1600	0
营业费用分摊	100	200	0
资产减值损失	0	0	0
三、营业利润	500	8800	0
加：营业外收入	0	0	0
减：营业外支出	0	0	0
四、利润总额	500	8800	0
减：所得税	0	2200	0
五、净利润	500	6600	0
利息收入销项税	300	500	0
理财与投资收益销项税	0	0	0
中间业务收入销项税	100	100	0

图 11-6 商业银行损益表

11.3 此步骤运用的知识点

11.3.1 对股份制商业银行的评级标准及指标计算

综合评级采用加权汇总评分法,即各要素评价分值乘以相应权重后进行相加,其总和为综合评分。以下各项按满分为20分。

一、股份制商业银行资本充足状况评价标准

(一) 定量指标(20分)

1. 资本充足率(10分)

8%以上:按四舍五入,每超过一个点得2分,最高得10分。

8%以下:0分

核心资本包括实收资本、资本公积、盈余公积和未分配利润,通常我们又称核心资本为所有者权益。

2. 核心资本充足率(10分)

4%以上,按四舍五入,每超过一个点得2分,最高得10分。

4%以下:0分

附属资本包括商业银行贷款的一般风险准备金、坏账准备金、投资风险准备金、5年(包括5年期)以上的长期债券。

一般风险准备金按当年末贷款余额1%的差额提取,并从成本上列支。对金融企业实际呆账比例超过1%的部分,当年应全额补提。银行坏账准备金按年末应收账款余额的3‰提取;投资风险准备金每年按上年末投资余额的3‰提取。

(二) 定性因素(40分)

1. 银行资本的构成和质量(6分)

该项主要考察银行资本构成的稳定性、市场价值及其流动性。评分原则如下:

(1) 核心资本在资本中的比重越高,资本构成越稳定,评分应越高。

(2) 要分析核心资本构成的稳定性,如果银行存在资本未足额到位或资本抽逃等问题,不得分。

(3) 要分析附属资本构成的稳定性,稳定性越高,市场价值越大,评分应越高。分析附属资本构成主要考虑银行的债务性资本(监管机构确认的银行以对外承担债务形式持有的资本),包括其市值变动情况和流动性状况。

(4) 上市银行得分应高于非上市银行。

(5) 资本构成要素存在不稳定性对银行承受风险能力可能造成不利影响的,得分应在3分以下。

2. 银行整体财务状况及其对资本的影响(8分)

该项主要分析银行财务状况对银行资本的影响。评分原则如下:

(1) 好的盈利状况能增强或保持银行的竞争能力,利于银行扩充资本,相应的,评分应高。

（2）银行财务状况不佳（出现亏损）并可能对银行资本充足状况形成不良影响的，得分应低于4分。

（3）累计亏损严重以致净资产出现负数的银行，不得分。

3. 资产质量及其对资本的影响（8分）

该项主要分析银行不良资产的状况对银行资本的影响，重点考察银行资产损失程度、计提资产减值准备的情况及其对银行资本构成的影响。评分原则如下：

（1）不良资产呈现恶化趋势，并可能对银行资本构成不利影响的，得分应低于4分。

（2）计提贷款损失准备不足的，得分应低于3分；不足程度越严重，得分越低。

（3）对贷款以外资产计提减值准备的银行得分应高于没有计提减值准备的银行。

4. 银行进入资本市场或通过其他渠道增加资本的能力，包括控股股东提供支持的意愿和实际注入资本的情况（8分）

该项主要考察银行通过外部融资解决资本问题的能力，重点分析银行在资本充足率不足时，是否能及时增加资本，包括控股股东增加注资的可能性。评分原则如下：

（1）如果银行股东承诺并能够实现承诺将资本充足率保持在8%以上，或者银行通过其他方法将资本充足率保持在8%以上且能够充分抵御风险的，得满分。

（2）当银行资本充足率不足8%，而银行股东和董事会未能提高资本充足率的，得分应低于4分。

（3）向社会公开募集资本没有成功的，不得分。

5. 银行对资本的管理情况（10分）

该项主要考察银行资本的管理政策，重点分析银行制定资本计划的情况，包括制定计划的程序和依据。考察内容如下：

（1）银行是否根据自身规模，通过对资产年度增长目标和利润目标进行合理可靠的预测分析来确定银行资本的最佳需要量。

（2）银行是否在预测资本需要量的基础上，确定多少资本可以通过利润留存从内部产生，多少资本需要通过外部融资解决，并通过测算筹资成本确定最佳筹资手段。

（3）银行的利润分配政策是否稳健，是一个重要的考察因素，过度的分派红利会削弱银行的资本金，而过低的分派红利会妨碍发行新股，因此，要考察银行盈利的留存比率是否适当，并能够及时按资本计划补充资本金。

评分原则如下：

（1）银行如果缺乏明确的资本管理政策，没有制定补充资本计划，得分应低于5分。

（2）银行累积未分配利润为负数而进行利润分配的，不得分。

（3）银行资本充足率未达到监管要求而进行利润分配的，不得分。

二、股份制商业银行资产安全状况评价标准

（一）定量指标（20分）

1. 不良贷款率（10分）

10%以下：每降低一个点得1分

10%以上：0分

$$不良贷款率=\frac{次级类贷款+可疑类贷款+损失类贷款}{贷款余额} \quad (11.1)$$

2. 估计贷款损失率(10分)

10%以下:每降低一个点得1分

10%以上:0分

$$估计贷款损失率=\frac{正常类贷款\times1\%+关注类贷款\times2\%+次级类贷款\times20\%+可疑类贷款\times40\%+损失类贷款\times100\%}{贷款余额} \quad (11.2)$$

3. 最大单一客户、集团客户授信比率(10分)

三家或以上企业客户:10分

两家企业客户:5分

只有一家企业客户:0分

4. 拨备覆盖率(10分)

100%以上:每增加一个点得0.1分,最高为10分

100%以下:0分

$$拨备覆盖率=\frac{一般准备+专项准备+特种准备}{次级类贷款+可疑类贷款+损失类贷款} \quad (11.3)$$

5. 非信贷资产损失率(5分)

5%以下:每降低一个点,得1分。

5%以上:0分

非信贷资产损失率=非信贷资产损失额/非信贷资产余额。非信贷资产是指资产负债表中除信贷资产以外的各类资产,包括现金、业务周转金、拆放同业、其他应收款、应收利息、固定资产净值、无形资产,等等。本实验中为总资产减去信贷资产。

(二)定性因素(40分)

1. 不良贷款和其他不良资产的变动趋势及其对银行整体资产安全状况的影响(5分)

该项主要考察银行不良贷款总量和不良贷款率及其变化趋势。要具体分析银行不良贷款余额的升降原因,要区分存量和增量因素的影响;要具体分析不良贷款比率升降的原因,要区分“分子”和“分母”因素的影响。评分原则如下:

(1)不良贷款余额和不良贷款率“双降”的,得满分。

(2)不良贷款余额上升,不良贷款率下降的,得分应低于3分。

(3)不良贷款余额和不良贷款率“双升”的,不得分。

(4)视不良贷款变动的具体原因调节评分结果。

2. 贷款行业集中度以及对银行资产安全状况的影响(5分)

该项主要考察银行贷款行业的集中程度,分析贷款集中行业的风险状况,包括行业当前整体状况、国内外情况对比,国家对该行业的政策和指导意见,行业的发展趋势预测及依据等,以及风险状况对银行资产安全状况的影响。

3. 信贷风险管理的程序及有效性,是否建立完善的信贷决策程序和制度,包括贷款“三查”制度,风险管理制度和措施能否有效遏制不良贷款的发生(10分)

该项主要通过对银行不良贷款增量的原因分析，判断信贷风险管理的有效性。考察内容如下：

(1) 是否建立贷款调查制度以及贷款调查报告的质量。(2分)

(2) 是否建立严格、独立的贷款放款审查制度并严格执行。(2分)

(3) 是否建立贷后检查制度并严格执行。(2分)

(4) 是否存在违规发放的贷款，是否存在逆程序发放贷款的行为。(2分)

(5) 贷款档案是否完整规范。(2分)

评分原则如下：

(1) 银行未建立贷前调查制度、贷中审查制度和贷后检查制度的，得分应低于5分。

(2) 存在违规贷款或逆程序发放贷款行为的，不得分。

4. 贷款风险分类制度的健全性和有效性(10分)

该项考察内容如下：

(1) 银行是否根据《贷款风险分类指导原则》制定分类的具体标准以及五级分类的内部管理办法和实施细则，包括贷款分类的操作、认定和审核等工作程序和工作标准；分类工作是否全面涵盖各项授信业务。(3分)

(2) 银行是否根据日常风险变化情况对各类贷款进行监控和分类；是否配备了专业人员从事分类工作；是否加强了贷款五级分类的业务培训。银行的贷款分类是否定期接受检查监督，分类中存在的问题可以被及时发现和纠正。(2分)

(3) 银行的分类工作是否严格执行了有关监管规定以及内部管理规定；分类标准在操作过程中是否保持一致；五级分类结果是否准确。(3分)

(4) 银行是否建立了与分类工作相配套的信息系统，保证管理层能够及时获知有关贷款分类的重要信息；银行是否按照监管要求及时报送贷款分类数据和相关分析报告。(2分)

评分原则如下：

(1) 银行五级分类制度存在明显缺陷或分类结果严重失实的，得分应低于3分。

(2) 银行未建立贷款五级分类制度的，不得分。

5. 保证贷款和抵(质)押贷款及其管理状况(5分)

该项主要考察银行是否制定了保证贷款和抵(质)押贷款的管理规定，是否对保证人资格、保证责任和保证合同，抵(质)押品、抵(质)押权和抵(质)押率，抵(质)押品的登记与评估、抵(质)押期限、抵(质)押品的保管和处置做了明确的规定，银行是否严格执行了这些规定。考察银行保证贷款和抵(质)押贷款的合法性和有效性如何，还要分析银行抵(质)押品的流动性和价值稳定性及其对资产安全状况的影响。

6. 非信贷资产风险管理状况(5分)

该项主要分析银行是否针对非信贷类资产，特别是风险性非信贷类资产制定管理制度和风险控制措施并落实管理责任；银行对各类挂账、垫款、待清理资产是否制定了具体的清收、清理、处置办法和措施；银行对造成非信贷类资产损失的违法违规违纪人员是否追究责任。通过对以上要素的综合分析，判断银行识别、控制非信贷资产风险的能力。

评分原则：银行未建立非信贷资产风险管理制度的，不得分。

三、股份制商业银行管理状况评价标准

(一) 银行公司治理状况,公司治理的合理性和有效性(50 分)

1. 银行公司治理的基本结构(10 分)

该项考察内容如下:

(1) 银行是否构建了以股东大会、董事会、监事会和高级管理层为主体的银行治理结构,各个治理主体是否设立了专门委员会和专门办事机构;是否建立了独立董事制度和外部监事制度。(5 分)

(2) 各个治理主体是否明确了各自的工作职责,是否制定了完备规范的议事规则。(5 分)

2. 银行公司治理的决策机制(10 分)

该项考察内容如下:

(1) 银行的股东资格是否符合有关规定;股东是否履行诚信义务;银行是否能够保护股东合法权益,公平对待所有股东,是否存在大股东损害中小股东权益的情况;银行股东是否有占用银行资产行为,是否有关联交易,关联交易对银行的影响;股东大会能否按照章程的规定有效发挥其职能。其中涉及关联交联授信的比例确定见监管部门制发的相关文件。(5 分)

评分原则:如果银行对一个关联方的授信余额超过银行净资产的 10%,或者对一个关联方的集团客户的授信余额总数超过净资产的 15%,或者银行对全部关联方的授信余额超过商业银行净资产的 25%,得分应低于 3 分。

(2) 董事是否具备履行职责所必需的专业素质;是否勤勉诚信;董事的选任是否符合规定程序。(2 分)

(3) 董事会的结构是否合理;下设专门委员会是否具备独立性;董事会及其下设委员会能否按照章程的规定履行职责并发挥决策和监督作用;董事会是否制定银行的发展战略及发展规划;董事会是否具备足够的控制力和调度力。(3 分)

3. 银行公司治理的执行机制(10 分)

该项考察内容如下:

(1) 从股东大会到董事会,再到经营管理层的决策传导机制是否通畅、高效。(2 分)

(2) 高级管理人员的素质。高级管理人员资格是否符合监管机构规定;高级管理人员是否具备必要的业务管理能力、市场应变能力和创新能力。(3 分)

(3) 高级管理人员履职情况。高级管理人员是否按董事会制定的战略规划开展工作;高级管理人员工作的实效性;是否存在“内部人控制”情况。(3 分)

(4) 高级管理层是否具备良好的团队精神;职责分工是否合理适当;经营上是否稳健并能及时识别和管理风险。(2 分)

4. 银行公司治理的监督机制(10 分)

该项考察内容如下:

(1) 独立董事是否具备履行职责所必需的专业素质;是否勤勉诚信;独立董事的选任是否符合规定程序。(2 分)

(2) 独立董事是否具备独立性,独立董事的权利、义务和责任是否明确;独立董事是

否尽责。(2分)

(3) 监事是否具备履行职责所必需的专业素质,是否勤勉诚信;监事的选任是否符合规定程序;监事会的结构是否合理;下设专门委员会是否具备独立性;监事会及其下设委员会能否按照章程的规定有效发挥其监督作用。(4分)

(4) 外部监事是否具备独立性,是否尽责。(2分)

5. 银行公司治理的激励约束机制及问责(10分)

该项考察内容如下:

(1) 银行是否建立薪酬与银行效益和个人业绩相联系的激励机制,制定的激励政策及其制定程序是否合理。(2分)

(2) 银行是否建立长、中、短期相结合的激励机制。(2分)

(3) 银行是否建立公正、公开的董事、监事、高级管理层成员绩效评价的标准和程序。(3分)

(4) 银行是否按照《商业银行信息披露暂行办法》披露公司治理信息,有关薪酬激励的情况是否作适当披露。(3分)

(二) 内部控制状况(50分)

1. 内部控制环境与内部控制文化(10分)

该项考察内容如下:

(1) 良好的治理机制。董事会是否审批银行整体经营战略和重大政策并定期检查执行情况;董事会是否了解银行的主要风险并采取必要措施认定、计量、监督并控制风险;董事会是否负责审批组织结构;董事会如何确保高级管理层对内部控制制度的有效性进行监督;高级管理层执行董事会决策的情况如何。(3分)

(2) 分工合理、职责明确、报告关系清晰的组织结构。组织结构设置是否清晰地表明信息报告渠道,明确了信息报告的责任;组织结构设置是否存在缺陷导致重要信息报告的缺漏;组织结构是否对银行的各级部门和各种业务都实施了有效的管理控制。(2分)

(3) 内部控制文化。董事会与高级管理部门是否通过其言行来强调内部控制的重要性;银行是否存在良好的培训、宣传机制使得员工能够充分认识到内部控制的重要性并参与到控制活动之中;是否存在由于激励政策不当鼓励或诱发不适当的经营行为,如过分强调业绩目标或其他经营结果而忽略长期风险,或工资或奖励计划过于依赖短期业绩等。(3分)

(4) 员工职业操守和诚信意识。员工尽职情况;是否及时向相关部门报告违法违规问题、与经营指导方针不一致的情况及其他违反政策规定的情况。(2分)

2. 风险识别与评估(10分)

该项主要考察银行是否对所从事的业务风险进行识别评估并对风险持续监控。

(1) 风险管理的制度、程序和方法。主要考察银行是否设立了履行风险管理职能的专门部门,是否制定了识别、计量、监测和管理风险的制度、程序和方法。(3分)

(2) 风险识别与评估的全面性。银行的风险评估是否考虑了内部因素(如组织结构的复杂程度、银行业务性质、人员素质、组织机构变革和人员的流动等)与外部因素(如经济形势变化、行业变革与技术更新等);风险评估是否既针对单一业务,又针对并表机构

的其他业务;风险评估是否针对风险的可计量和不可计量两方面进行。(2 分)

(3) 风险识别与评估的手段与技术。银行是否建立了涵盖各项业务、全行范围的风险管理系统,是否开发和运用风险量化评估方法和模型,对信用风险、国家及转移风险、市场风险、利率风险、流动性风险、操作风险、法律风险及信誉风险等各类风险进行持续监控。(3 分)

(4) 风险控制制度、技术和方法的及时更新。银行是否针对不断变化的环境和情况及时修改完善风险控制的制度、方法和手段,以控制新出现的风险或以前未能控制的风险。(2 分)

3. 控制行为与职责分工(10 分)

该项考察内容如下:

(1) 全面、系统的各项业务政策、制度和程序,包括统一的业务标准和操作要求。银行是否建立全面、系统的内部控制政策与程序,包括董事会与高级管理部门要求下级部门定期报送业绩报告,以检查银行在实现其目标方面的进展;中层管理部门每天、每周或每月都应收到并审阅规范标准的业务报告和专题报告;是否针对不同资产建立了审批和授权制度。(3 分)

(2) 各部门、各岗位、各级机构之间的职责分离、相互制约措施。各部门、各岗位、各级机构之间的职责分工是否合理明确,是否遵循了必要的分离原则。(3 分)

(3) 各种会计账表、统计信息真实完整的控制措施。(2 分)

(4) 各种应急制度及法律风险控制措施。(2 分)

4. 信息交流与沟通(10 分)

该项考察内容如下:

(1) 信息共享、信息交流与信息反馈机制。银行在各级机构、各个业务领域之间是否建立了信息共享机制;信息能否在各级机构、各个业务领域之间充分、有效地交流与利用;是否建立信息反馈机制。(4 分)

(2) 贯穿各级机构、覆盖各个业务领域的数据仓库和管理信息系统。银行是否具备充分而全面的内部财务与业务经营数据库;是否有贯穿各级机构、覆盖各个业务的管理信息系统;是否建立电子信息系统与信息技术风险的防范措施。(4 分)

(3) 信息的真实可靠性。银行决策层获取的有关财务状况和业务经营状况的综合性信息;与决策有关的外部市场信息是否是有意义的、可靠的、随时可得的,并可以前后对比。(2 分)

5. 监督与纠正(10 分)

该项考察内容如下:

(1) 对银行内部控制整体有效性的日常监督。银行对关键性风险的监督情况;是否有不同领域(包括业务领域本身、财务控制和内部审计)的人员共同监督内控机制的有效性;日常监督与独立评估的执行与效果如何。(4 分)

(2) 内部控制的监督机制。银行是否由独立的、经过良好训练且具有较强工作能力的内部审计人员对内部控制进行全面、有效的审计与评估,并将结果直接报告董事会或董事会下设的审计委员会,同时报告高级管理部门;内部审计及审计人员的独立性如何。

(3分)

(3)对内部控制缺陷的纠正机制。银行的内部控制缺陷被发现和被报告后是否能够及时得到解决和纠正,高级管理部门是否建立记录内部控制弱点并及时采取相应纠正措施的制度。(3分)

四、股份制商业银行盈利状况评价标准

(一)定量指标(20分)

1. 资产利润率(10分)

0.5%以上:每增加0.1%得1分,最高得10分。

0.5%以下:0分。

2. 资本利润率(10分)

5%以上:每增加一个点得1分,最高10分。

5%以下:0分。

3. 利息回收率(15分)

95%以上:15分。

85%~95%:12~15分。

75%~85%:9~12分。

65%~75%:6~9分。

55%~65%:0~6分。

55%以下:0分。

4. 资产费用率(15分)

$$资产费用率=\frac{营业费用}{资产总额} \tag{11.4}$$

0.75%以下:15分。

1%~0.75%:12~15分。

1.25%~1%:9~12分。

1.5%~1.25%:6~9分。

1.75%~1.5%:3~6分。

2%~1.75%:0~3分。

2%以上:0分。

(二)定性因素(40分)

1. 银行的成本费用和收入状况以及盈利水平和趋势(15分)

该项主要通过银行利润构成分析考察盈利水平和趋势,通过同业比较和历史比较分析判断银行收入的来源构成及其稳定性,分析影响银行收入来源的因素以及这些因素变化可能对银行盈利产生的影响。主要分析银行成本费用的主要构成,预测成本费用的增长趋势;应综合考虑收入、成本费用状况及其变化趋势,重点考察银行净营业收入的变化,以此判断银行盈利的变化趋势。

2. 银行盈利的质量,以及银行盈利对业务发展与资产损失准备提取的影响(15分)

该项主要分析银行是否严格按照监管机构的规定核算应收未收利息,是否足额提取应付未付利息,是否足额提取贷款损失准备及其他资产损失准备。要分析应收未收利息、应付未付利息和各项资产减值准备对银行盈利状况的影响。

评分原则:根据银保监会发布的《关于推进和完善贷款风险分类工作的通知》第六条的规定进行相应调整后,经营成果为亏损的,得分应低于8分。

3. 财务预决算体系,财务管理的健全性和有效性(10分)

该项主要分析银行是否制定本年度利润计划与预算;银行预决算体系是否健全;银行财务管理制度建设及其执行状况。本项目主要从财务管理制度入手,分析银行的财务管理水平。

评分原则:在财务管理中弄虚作假的,不得分。由于财务管理问题造成盈利状况严重不实的,不得分。

五、股份制商业银行流动性状况评价标准

(一) 定量指标(20分)

1. 流动性比率(20分)

25%以上:每增加一个点得1分,最高20分。

25%以下:0分。

2. 人民币超额准备金比率(10分)

5%以上:每增加一个点得1分,最高10分。

5%以下:0分。

3. 外币备付金率(5分)

5%以上:5分。

4%~5%:3~5分

3%~4%:1~ 3分

2%~3%:0~1分

2%以下:0分

外币备付金率的概念与计算方法见监管机构制发的相关文件。

4. 人民币存贷款比例(10分)

75%以下:每降低一个点得1分,最高10分。

75%以上:0分

$$存贷比=\frac{贷款总额}{存款总额} \tag{11.5}$$

5. 外币存贷款比例(5分)

70%以下:5分

80%~70%:3~5分

90%~80%:1~3分

100%~90%:0~1分

100%以上:0分

外币存贷款比例的概念与计算方法见监管机构制发的相关文件。

6. 净拆借资金比率(10分)

-4%以下:10分

0~-4%:8~10分

1%~0:6~8分

3%~1%:0~6分

3%以上:0分

净拆借资金比率=拆入资金比例-拆出资金比例;拆入资金比例和拆出资金比例的计算方法见监管机构制发的相关文件。

(二)定性因素(40分)

1. 资金来源的构成、变化趋势和稳定性(5分)

该项主要分析银行存款的构成及其增减变化趋势,判断银行资金的稳定性。重点分析定期存款与活期存款,以及对公存款与储蓄存款在存款中的比重,分析一定历史时期存款的变化情况及其趋势。

评分原则:存款波动较大的银行,得分应低于3分。

2. 资产负债管理政策和资金的调配情况(5分)

该项主要分析银行流动性状况,银行资产与负债的期限是否匹配,银行资产负债管理政策是否合理。

3. 银行对流动性的管理情况(20分)

该项主要考察银行是否建立稳定的流动性管理体系,较好地控制流动性风险。

(1)银行是否设立流动性管理部门,专门负责银行的流动性管理。(5分)

(2)对流动性需求的预测。银行是否利用各种技术方法对银行的流动性需求进行准确的测算。(5分)

(3)流动性管理政策。银行是否在预测需求的基础上,制定相应的流动性管理政策,设计多种方案(包括主动负债、转换资产、出售资产等),从中选择最优流动性管理方案。判断银行在流动性管理方面有无综合调控能力。(5分)

(4)日常管理。银行有无建立流动性的监测、预警机制,是否制定流动性应急方案。(5分)

4. 银行以主动负债形式满足流动性需求的能力(5分)

该项主要考察银行在流动性不足时从外部获得资金的能力,重点分析银行通过同业拆入、证券回购、向中央银行再贷款、再贴现、从国际金融市场借入资金等方式满足流动性需求的能力。主要分析银行同业拆借业务状况,同业拆借利率水平;分析银行在证券回购市场交易状况,证券回购业务的资金规模、收益状况,证券资产构成及其变现能力等。

5. 管理层有效识别、监测和调控银行头寸的能力(5分)

该项主要考察银行管理层是否能够及时获得关于银行头寸状况的信息;银行管理层对银行的头寸状况是否有清楚的认识;管理层是否对银行资金需求变动情况进行分析并及时做出决策。

六、股份制商业银行市场风险评价

市场风险指由于利率或价格发生变化而对金融机构财务状况产生的不利影响。市场风险主要包括利率风险、外汇风险、股本风险和商品风险。

在评估市场风险时，监管人员应主要考虑以下因素：

(1) 金融机构盈利性或资产价值对利率、汇率、商品价格或产权价反向变动的敏感程度。

(2) 银行董事会和高级管理层识别、衡量、监督和控制市场风险敞口的能力。

(3) 源自非交易性头寸利率风险敞口的性质和复杂程度。

(4) 源自交易性和境外业务市场风险敞口的性质和复杂程度。

根据我国银行业现状，暂不对市场风险进行评级，但可以考察银行资产价值与盈利水平受利率政策与外汇价格变化的影响，作为评价盈利性和资产质量的参考。

七、商业银行的评级及银保监会分类监管政策

1. 商业银行的综合评级

按本规则得出相关要素的总分后，商业银行的综合评级分为五级，分别为：

(1) 1级——良好：综合评分在85分以上。

(2) 2级——一般：综合评分在75~85分之间。

(3) 3级——关注：综合评分在60~75分之间。

(4) 4级——欠佳：综合评分在50~60分之间。

(5) 5级——差：综合评分在50分以下。

2. 分类监管政策

(1) 对综合评级为1级的机构，应积极支持其发展，可以在现场检查的频率上相应放宽。

(2) 对综合评级为2级的机构，应指出其存在的薄弱环节，督促其做出相应的调整和整改，在现场检查时应重点关注其存在风险的领域。

(3) 对综合评级为3级的机构，应适当加强对其非现场分析与现场检查，督促股份制商业银行加强经营管理与内部控制，改善财务状况，责令限期改正。

(4) 对综合评级为4级的机构，应增加现场检查频率，加大现场检查力度，密切关注其经营态势，督促其加大经营调整力度，积极降低风险，同时建议在机构市场准入和新业务审批方面进行限制，必要时应对其高级管理人员进行谈话，责令限期整改，责令暂停部分业务。

(5) 对综合评级为5级的机构，应对其业务活动的开展做出一定的限制，限制其高风险经营行为，责令暂停部分业务，停止开办新业务，要求其改善经营状况，调整其高级管理人员，必要时进行重组或实施接管。

11.3.2 实验中商业银行评级指标及其影响因素

在本实验中，为了真实地评价各商业银行团队简化评价过程，我们从以下几个方面来对商业银行进行评价。

(1) 资产充足状况。评价企业的资产充足状况，主要通过两个指标来评判。

资本充足率(5%)：

$$资本充足率=\frac{核心资本+附属资本}{加权风险资产总额} \tag{11.6}$$

核心资本充足率(5%):

$$核心资本充足率=\frac{核心资本}{加权风险资产总额} \tag{11.7}$$

(2) 资产安全状况。对企业资产安全状况的考察,主要通过以下两个指标来分析。

不良贷款率(10%):

$$不良贷款率=\frac{次级类贷款+可疑类贷款+损失类贷款}{贷款余额} \tag{11.8}$$

拨备覆盖率(5%):

$$拨备覆盖率=\frac{一般准备+专项准备+特种准备}{次级类贷款+可疑类贷款+损失类贷款} \tag{11.9}$$

(3) 盈利状况。在分析企业的盈利状况时,我们可以分析企业资本收益率以及资产收益率。

资本收益率(20%):

$$资本收益率=\frac{净利润}{平均资本}\times 100\% \tag{11.10}$$

资产收益率(20%):

$$资产收益率=\frac{净利润}{平均资产总额}\times 100\% \tag{11.11}$$

(4) 流动性

存贷比(10%):

$$存贷比=\frac{贷款总额}{存款总额} \tag{11.12}$$

超额准备金比率(5%):

$$超额准备金=\frac{现金+存放在央行存款}{各项存款} \tag{11.13}$$

(5) 态度评价

① 业务完成规范(速度)(10%)。

在老师规定的时间内提交 EXL 表格,记 10 分,否则每延误 5 分钟扣 1 分。

② 历年抢答得分(10%)。

在课堂组织过程中,老师会设置抢答问题,回答数量决定了团队合作得分,只需在系统中记录各组抢答次数,系统会根据全班各组抢答次数自动评分。抢答次数最多的小组得 10 分,其他小组按照抢答次数与最高小组的比例获得相应的加分。

12 绩效评估与评分

12.1 评分标准

一、商业银行组运营得分

银保监会对商业银行综合评分(其中抢答占 10%,完成业务速度占 10%)

银行团队运营得分=100×该银行历年累计评价得分/所有银行历年累计评价最高分

二、企业组运营得分

商业银行对企业的信贷综合评价(其中抢答占 10%,完成业务速度占 10%)

企业团队运营得分=100×该企业历年累计评价得分/所有企业历年累计评价最高分

三、央行与银保监会组轮值与得分

(1) 轮值央行与银保监会规则。各银行和企业组轮流作为央行与银保监会,设定货币政策等,实现房价涨幅与市场流动性相对稳定。

可以多组联合当央行。如经营年数过少导致有些组没有机会当央行,可在某年由多个组共同担任央行;情况相反时,也可重复担任央行,该组得分取其多次担任央行的最高分。如有多个小组竞选当央行与银保监会,可让多个小组分别公示各项政策,由其他小组举手表决哪个小组先当。

(2) 市场流动性(10%)。市场流动性评分为:流动性=年末各组现金余额之和/本年各房地产公司交货总金额。央行组市场流动性得分:本年市场流动性与第一年流动性相比,在±0.1 以内得 10 分,否则每超出 0.1 扣 1 分。例如,第一年流动性为 0.9,则第二年流动性范围应在 0.8~1.0 均得 10 分,否则每超出 0.1 扣 1 分。其他组预测得分:本年市场流动性预测值与实际值相比,在±0.1 以内得 10 分,否则超出 0.1 扣 1 分。

(3) 房价涨幅(10%)。房价涨幅评分为:央行组房价涨幅得分=(本年房价涨幅在±2%以内得 10 分,否则每超出 1%扣 2 分);其他组房价涨幅预测得分=房价涨幅预测值(目标值)与实际值偏离±2%以内,得 10 分,每超出 1%扣 2 分。

以上扣分不出现负值。

四、学生个人成绩

学生个人业绩评分=团队运营得分(50%)+实验报告(30%)+央行指标得分(20%)+所在团队内部评价-缺勤扣分:以上比例可由老师自行调整。

缺勤扣分(10%):病事假/迟到/早退扣2分/次,缺席5分/半天。

12.2 实验报告要求与评分细则

一、实验报告要求

(1) 题目:商业银行模拟经营实验报告(统一名称)

(2) 格式:Word+图片或录像

(3) 提交形式:上传百度文库或豆丁,或其他互联网,要求在百度中能搜索到。

(4) 内容:① 对房地产公司的贷款调查报告(经营分析报告):应包含所有PPT涉及房地产公司的任务。② 商业银行经营分析报告:应包含所有PPT涉及商业银行的任务。③ 总结如何做好银行大客户经理。④ 历年宏观经济调控总结与商业银行监管报告(仅由央行银监组完成)

注意事项:不可粘贴教材中的规则、操作表格、报表,粘贴篇幅超过10%视为抄袭。不可按每一年为标题记录决策过程,应以知识点为标题。

二、实验报告评分细则

以下每个维度占10分,每组上台用PPT展示,每组只给其他组打分,不能给自己组打分。每个维度采取强制排名,分成4个等级,每个等级至少相差一分。

学生评分平均后,占50%,老师评分占50%。

维度一:分享生动性。由老师随机临时指定各组一名同学,代表全组分享本组的实验报告,越大方、生动有趣,得分越高。

维度二:专业深度。该生分享的实验报告中,应用商业银行知识点越多、数据分析越深入、越能解释各步骤的决策问题,得分越高。

维度三:实验报告文档美观大方。不规定文档统一格式,但要求有商务感、专业、简洁、形式丰富而不花哨。

12.3 绩效评估与分析

学员填写完Excel操作表后,在共享状态下,可以存回老师的桌面共享文件夹(也可以让学生拷回到桌面共享文件夹中),然后老师把该共享文件夹中的所有Excel文件导入加密U盘中的“商业银行实验分析工具”相应班级中,替换相应的Excel文件,系统将根据这些文件生成其他报表数据。请注意:此时被替换的Excel文件应先关闭。

点击图12-1的“沙盘操作运营”,即可进入图12-2操作界面。

点击图12-2的“宏观政策与监管检查”,即可进入图12-3所示操作界面。可以看到

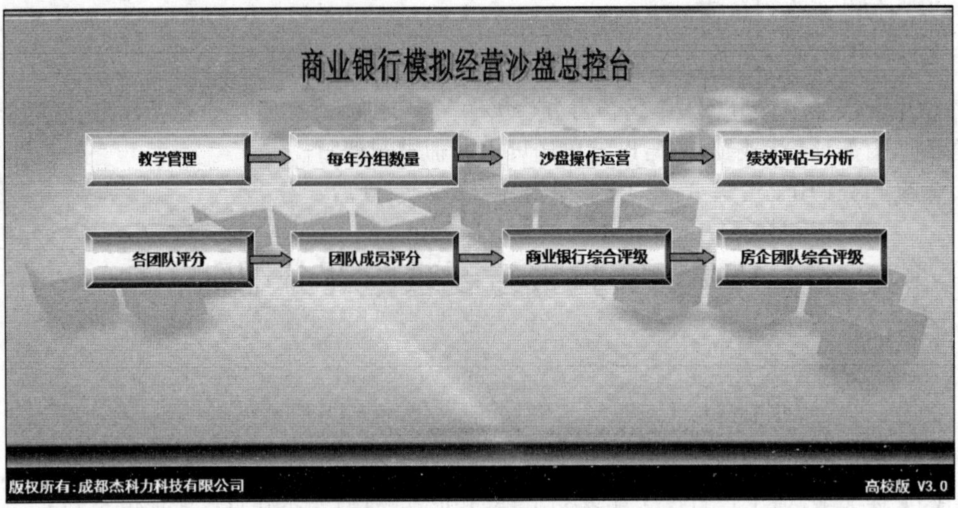

图 12-1　教师端运营主界面

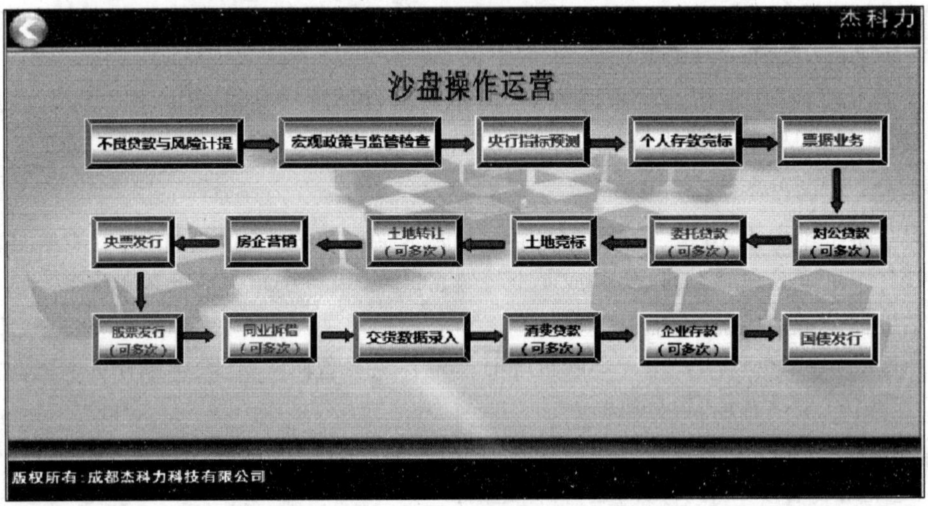

图 12-2　沙盘操作运营

教师端会在此模块核查学生报表数据填写是否有误,包含房地产公司销售金额、土地款、广告费、消费贷款,商业银行个人存款利息、营销费、存款准备金、国债利息等,还会检查各组现金余额。如出现数据错误,会如图 12-3 中显示错误,并提示错误原因。此时需要银保监会和银行、企业一一检查并修改,直到参加小组数据无误。

点击图 12-1 的“绩效评估与分析”,即可进入图 12-4 所示操作界面。

查看各银行运营和房企运营:点击图 12-4 中的“查看各银行运营”和“查看各房企运营”,将进入学生端操作文件,但仅能查看已拷入加密 U 盘相应班级中的上一期数据。

对比点评商业银行绩效:点击图 12-4 中的“商业银行绩效分析”,选择相应年份,根据图 12-5 中系统自动生成的数据进行各银行对比点评。

房地产公司销售金额检查表						
	第一年	第二年	第三年	第四年	第五年	第六年
房地产A	40900	49600	0	0	0	0
房地产B	40900	错误	0	0	0	0
房地产C	40900	错			0	0
房地产D	错误	0			0	0
房地产E	错误	0			0	0
房地产F	错误	0			0	0

如错误，表示各公司销售竞标与施工交付模块的首付款+消费贷款，与教师端交货数据录入的交货总金额不符

图 12-3 宏观政策与监管检查

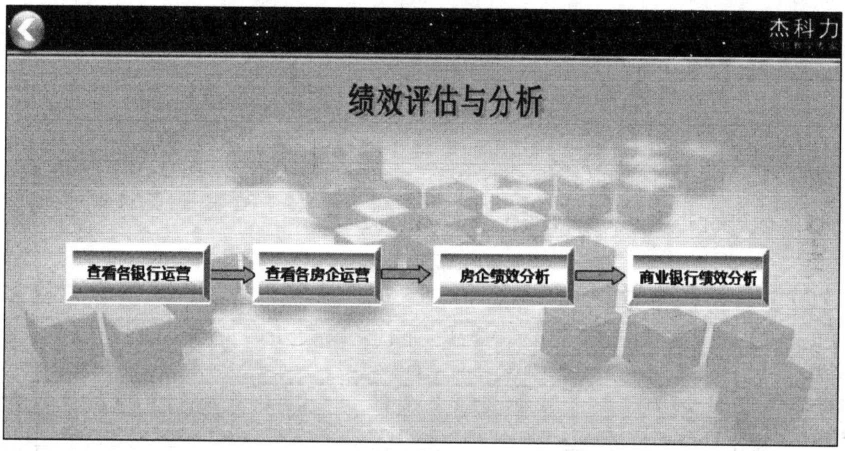

图 12-4 绩效评估与分析界面

第一年商业银行绩效分析 单位:万 %							
		A	B	C	D	E	F
当年	净利润（万）	700	0	0	0	0	0
	新增贷款总量（万）	38600	0	0	0	0	0
	当年中间业务净收入（万）	1000	0	0	0	0	0
	当年主营业务收入(万)	6900	0	0	0	0	0
	可用资金成本率	6.89%	2.13%	2.13%	2.13%	2.13%	2.13%
	贷出资金收益率	8.06%	0.00%	0.00%	0.00%	0.00%	0.00%
累计	累计吸收存款的市场占有率	100.00%	0.00%	0.00%	0.00%	0.00%	0.00%
	贷款余额的市场占有率	56.58%	8.68%	8.68%	8.68%	8.68%	8.68%

图 12-5 商业银行绩效对比分析界面

对比点评各房企绩效：点击图 12-4 中的“房企绩效分析”，选择相应年份，根据图 12-6中系统自动生成的数据进行各房地产企业对比点评。

第一年房地产企业绩效分析表	A	B	C	D	E	F
净利润（万）	400	-3400	-3400	-3400	-3400	-3400
广告费（万）	900	900	900	900	900	900
主营业务收入（万）	38600	0	0	0	0	0
每亩土地成本（万）						
商品房实际成交价（万/套）	207	207	207	207	0	0
别墅实际成交价（万/套）	981	981	981	981	0	0
市场占有率	100.00%	0.00%	0.00%	0.00%	0.00%	0.00%

图 12-6　房地产企业绩效对比分析界面

12.4　对商业银行团队评分

点击图 12-1 中的“商业银行综合评级”，选择相应年份，在图 12-7 中根据系统自动计算得出的指标进行排名，系统自动统计绩效得分。

第一年银监会对商业银行的监管评级

项目		权重	A 比率	A 得分	B 比率	B 得分	C 比率	C 得分	D 比率	D 得分	E 比率	E 得分	F 比率	F 得分
资产充足状况	资本充足率	5%	96.61%	5.0	96.61%	5.0	96.61%	5.0	0.00%	0.0	0.00%	0.0	0.00%	0.0
	核心资本充足率	5%	95.25%	5.0	95.25%	5.0	95.25%	5.0	0.00%	0.0	0.00%	0.0	0.00%	0.0
资产安全状况	不良贷款率	10%	0.00%	10.0	0.00%	10.0	0.00%	10.0		0.0		0.0		0.0
	拨备覆盖率	5%		5.0		5.0		5.0		0.0		0.0		0.0
盈利状况	资本收益率（ROE）	20%	1.40%	20.0	1.40%	20.0	1.40%	20.0	0.00%	0.0	0.00%	0.0	0.00%	0.0
	资产收益率（ROA）	20%	0.31%	20.0	0.31%	20.0	0.31%	20.0	0.00%	0.0	0.00%	0.0	0.00%	0.0
流动性	存贷比	10%	42.00%	10.0	42.00%	10.0	42.00%	10.0		0.0		0.0		0.0
	超额准备金比率	5%	31.50%	5.0	31.50%	5.0	31.50%	5.0	0.00%	0.0	0.00%	0.0	0.00%	0.0
态度评价	业务完成规范（速度）	10%	10		10		10		0		0		0	
	本年抢答得分	10%	3	6.0	0	0.0	5	10.0	0	0.0	0	0.0	0	0.0
本年评级得分			96.0		90.0		100.0		0.0		0.0		0.0	
历年累计评级得分			96.0		90.0		100.0		0.0		0.0		0.0	
小组成绩			96		90		100		0		0		0	

图 12-7　银监会对商业银行的评级监管

12.5　对房地产企业评分

点击图 12-1 中的“房企团队综合评级”，选择相应年份，在图 12-8 中根据系统自动计算得出的指标进行排名，系统自动统计房地产企业的绩效得分。

第一年房地产贷款综合评价表														
		权重	A		B		C		D		E		F	
			指标	得分	指标	得分	指标	得分	指标	得分	指标	得分	指标	得分
管理层素质	高管道德	5%	0	5.0	0	5.0	0	5.0	0	0.0	0	0.0	0	0.0
	公司治理规范性	10%	10		10		10		0		0		0	
	经营风格	5%	0.00	5.0	0.00	5.0	0.00	5.0		0.0		0.0		0.0
	政府关系	5%		0.0		0.0		0.0		0.0		0.0		0.0
市场竞争力	公司行业地位	5%	500	5.0	500	5.0	500	5.0	0	0.0	0	0.0	0	0.0
公司经营前景	净利润（万）	10%	1500	10.0	1500	10.0	1500	10.0	-3100	0.0	-3100	0.0	-3100	0.0
	净利润增长额	0%												
	经营性现金流量（万）	10%	20700	10.0	20700	10.0	20700	10.0	-3600	0.0	-3600	0.0	-3600	0.0
	经营性现金流量增长额	0%												
	主营业务收入（万）	10%	35700	10.0	35700	10.0	35700	10.0	0	0.0	0	0.0	0	0.0
	主营业务收入增长额(万)	0%												
偿债能力	流动比率	5%	197.06%	5.0	197.06%	5.0	197.06%	5.0	0.00%	0.0	0.00%	0.0	0.00%	0.0
	速动比率	5%	197.06%	5.0	197.06%	5.0	197.06%	5.0	0.00%	0.0	0.00%	0.0	0.00%	0.0
盈利能力	销售利润率	5%	5.60%	5.0	5.60%	5.0	5.60%	5.0	0.00%	0.0	0.00%	0.0	0.00%	0.0
	总资产利润率	5%	5.97%	5.0	5.97%	5.0	5.97%	5.0	-16.40%	0.0	-16.40%	0.0	-16.40%	0.0
负债水平	净资产负债率	5%	103.03%	5.0	103.03%	5.0	103.03%	5.0		0.0		0.0		0.0
	总资产负债率	5%	50.75%	5.0	50.75%	5.0	50.75%	5.0		0.0		0.0		0.0
信贷综合评级得分			95.0		95.0		91.7		0.0		0.0		0.0	
信贷综合评级累计得分			95.0		95.0		91.7		0.0		0.0		0.0	
本年抢答次数与得分		10%	3	10.0	3	10.0	2	6.7	0	0.0	0	0.0	0	0.0
小组成绩			100.0		100.0		97.0		0.0		0.0		0.0	

图 12-8　房地产贷款综合评价表

12.6　央行业绩目标与预测得分

点击图 12-1 中的"央行指标预测",在图 12-9 绿色(阴影)单元格各小组输入预测房价涨幅、市场流动性,轮值央行小组 C 银行输入央行业绩目标,房价涨幅 0、市场流动性与第一年流动性一致。经过一年运营,各组上传报表后系统自动统计当年房价涨幅和流动性、各组央行业绩目标与预测得分。

第一年央行组业绩			年末各组现金之和（万）		202800	房企交货（万）		122700	房价涨幅	0.0%	流动性	1.65
第二年央行业绩目标与预测			年末各组现金之和（万）		232300	房企交货（万）		153200	房价涨幅	-11.8%	流动性	1.52
	银行A	银行B	银行C	银行D	银行E	银行F	企业A	企业B	企业C	企业D	企业E	企业F
平均价格涨幅房价涨幅	2.00%	-3.00%	0.00%				-10.00%	7.00%	12.00%			
市场流动性	1.4	1	1.65				1.3	0.7	2.1			
期末现金余额（万）	55100	44200	44200	请填管理费	请填管理费	请填管理费	9300	41200	38300	请付管理费	请付管理费	请付管理费
房价涨幅预测得分	0	0	0				10	0	0			
市场流动性预测得分	9.8368	5.8368	9.6632				8.83681	2.83681	5.16319			
指标总得分	9.8368	5.8368	9.6632	0	0	0	18.8368	2.83681	5.16319	0	0	0

图 12-9　央行业绩目标与预测得分

12.7　团 队 评 分

点击图 12-1 各团队评分,进入图 12-10 各组排名得分。实验报告、央行指标预测各占评分权重30%、20%，剩余的50%为历年累计评级得分。在此处，各项指标所占权重均可修改。

历年累计评级得分中业务完成规范（速度）、团队合作（本年抢答）又各占10%。各小组每年提交Excel报表的速度决定了业务完成规范得分，在老师规定时间内提交报表得10分，每延误5分钟扣1分。在课堂组织过程中每年老师设置的抢答问题回答数量决定了团队合作得分，此处只需记录各组抢答次数，系统会根据全班各组抢答次数自动评分。抢答次数最多的小组得10分，其他小组按照抢答次数与最高小组的比例获得相应的加分。

		各组排名得分											
		银行A	银行B	银行C	银行D	银行E	银行F	企业A	企业B	企业C	企业D	企业E	企业F
第五年	业务完成规范（速度）												
	团队合作（本年抢答）												
	历年累计评级得分	183	198	192	0	0	0	187	150	171	91	91	91
	累计运营成绩	92	100	97	0	0	0	100	80	92	49	49	49
第六年	业务完成规范（速度）	10	8	5				3	9	10			
	团队合作（本年抢答）	3	1	5				1	2	5			
	历年累计评级得分	183	198	192	0	0	0	187	150	171	91	91	91
	累计运营成绩	92	100	97	0	0	0	100	80	92	49	49	49
30%	实验报告得分（百分制）	100	80	94				89	97	75			
20%	央行指标得分	9.837	5.837	9.663	0	0	0	18.84	2.837	5.163	0	0	0
团队总评分		78	75	79	0	0	0	80	70	70	25	25	25
央行再贷款扣分													

图 12-10　各组排名得分

12.8　团队成员评分

点击图12-1的“团队成员评分”，可以对每个小组的成员进行评分，如图12-11所示。

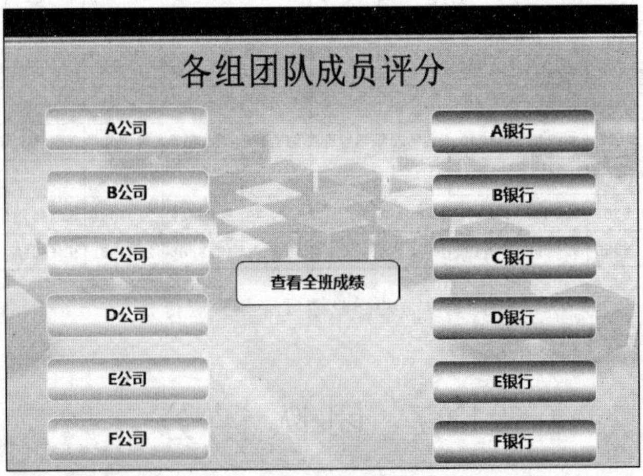

图 12-11　各组团队成员评分

点击图 12-11 各组名称按钮，可以手工统计学员考勤、团队意识分数，并记录每个学员的个人成绩和小组成绩，如图 12-12 所示。

A公司成员评分

成员学号	成员姓名	岗位分工	病事假/迟到/早退次数（扣2分/次）	缺席次数（扣5分/次）	团队意识	小组成绩	个人成绩
							80
							80
							80
							80
							80
							80
							80
						80	80

图 12-12　公司成员评分

点击图 12-11“查看全班成绩”按钮，可以看到全班每个学员的最终个人成绩，并进行打印，如图 12-13 所示。

全班成绩

成员学号	成员姓名	个人成绩
0	0	0
0	0	0
0	0	0
0	0	0
0	0	0
0	0	0
0	0	0
0	0	0

图 12-13　全班成绩

附　　录

附录 1:房地产企业运营表格

附表 1-1　现金管理模块

填写说明:请在每一年的发生金额一栏中填写数字后将自动生成报表,未发生请填 0,数字前面不能用“+”或“-”号,也不用公式形式,如“300+400”。请注意,数字单位是万元,如发生金额为 1 000 万元,只需填写 1 000。请勿更改此表名称结构和任何步骤,现金余额一栏将自动计算。

序号	经营步骤		责任人	填写单据	发生金额　单位:万元					
					第一年	第二年	第三年	第四年	第五年	第六年
期初现金余额										
	1. 申请开发资质	清空上年所有费用栏(含景观费),确定本期开发资质	全体成员	无						
	2. 资金规划	请填写本书第五章房地产公司资金规划表(见表 5-2)	全体成员	房地产公司资金规划表						
	3. 理财结算	公示股票收益,支付分红款	理财经理	无						
		股票投资盈利,收到现金分红金额								
	4. 上年未办理的消费贷款重新办理	以前年度未办理的消费贷款余额	市场经理	消费贷款协议(见附录 3)						
		以前年度未办理的消费贷款重新向银行申请办理,成功办理的金额为								
		支付银行额度占用费								
	5. 应收应付业务	所有应付款往前移一格,到期偿还/提前偿还本金	会计主管	无						
		盘面资产项的应收款往前移一格,到期收回现金或提前贴现,本金为								
		支付提前贴现费								
	6. 提前支取存款	企业存款提前取出,本金为	会计主管	无						
		存款提前支取,支付违约金								
	7. 盘点现金	现金盘点	全体成员	无						

附表 1–2　融资贷款与土地竞标模块(1)

序号	经营步骤		责任人	填写单据	发生金额　单位:万元					
					第一年	第二年	第三年	第四年	第五年	第六年
1	贷款及利息结算	所有银行贷款往前移一格,到期偿还/提前偿还本金	总经理	填写房地产对公贷款单(表 5-3)与银行签订企业贷款协议(见附录 3)						
		高利贷往前移一格,到期偿还本金								
		签订贷款协议书,获得银行贷款								
		支付申请贷款的额度占用费、财务评审费和担保费;以及提前还贷或延后还贷的违约金								
		为其他企业提供担保,获得担保费								
		办理高利贷,获得现金								
		支付所有银行贷款与高利贷利息								
		被担保企业违约,本公司支付连带赔偿,金额为								
		收到违约房企偿还的连带赔偿款								
2	委托贷款	盘面负债项的委托贷款(贷)往前移一格,到期偿还/提前偿还本金	财务经理	签订委托贷款协议(见附录 3)						
		盘面资产项的委托贷款(借)往前移一格,到期或提前收回本金								
		企业间签订委托贷款协议,获得其他企业贷款								
		企业间签订委托贷款协议,贷给其他企业金额								
		获得委托贷款的企业选择一家银行,支付代理费								
		按盘面负债项的委托贷款(贷)余额支付利息								
		按盘面资产项的委托贷款(借)余额收到利息								

附表 1–3　融资贷款与土地竞标模块(2)

序号	经营步骤		责任人	填写单据	发生金额　单位:万元					
					第一年	第二年	第三年	第四年	第五年	第六年
3	竞标与转让土地	竞标土地,填写土地竞标表,获得土地数量(亩)	运营经理	填写土地竞标表(表 6–1)和转让表						
		竞标土地,支付土地款,金额为								
		土地竞标违约,被没收保证金或罚款								
		转出土地,填写土地转让表,成功转让数量为(亩)								
		转出土地,相应数量的土地价值筹码移出盘面,金额为								
		转出土地,收到现款								
		转出土地的应收款								
		收购其他公司土地,数量为(亩)								
		收购其他公司土地,支付现款								
		收购其他公司土地剩余应付款								
4	竞标城建工程与盘点	一级资质房企竞标城市基础设施与配套工程	市场经理	订单						
		现金盘点								

附表 1-4　销售竞标与施工交付(1)

序号	经营步骤		责任人	填写单据	发生金额　单位:万元					
					第一年	第二年	第三年	第四年	第五年	第六年
1	股权投资	发行股票,填写股票发行表,收到股票投资款	总经理	填写股权投资表						
		购买股票,支付股票投资款								
		卖出股票,请先填写股票当年投资总价款(含溢价)								
		卖出股票,收到股票转让款								
		赎回股票,用现金支付								
2	工程实施	城市基础设施与配套工程投入技术设计费	运营经理	无						
		支付城建工程的建安费								
		投入土地修建商品房,投入的土地数量为(亩)								
		修建商品房的土地价值筹码随土地一起移动,金额为								
		投入土地修建别墅,投入的土地数量为(亩)								
		修建别墅的土地价值筹码随土地一起移动,金额为								
		支付商品房的建安费,并用土地与土地价值筹码+建安费换取商品房筹码								
		支付别墅的建安费,并用土地与土地价值筹码+建安费换取别墅筹码								
3	订单竞标与交货	订单竞标,填写第六章的表 6-4 房地产公司商品房和别墅订单竞标单,支付广告费(每年最低 3 000 万元)	市场经理	填写订单竞标单						
		订单竞标,商品房的每亩景观报价(万元/亩)								
		订单竞标,别墅的每亩景观报价(万元/亩)								
		实际交货的商品房数量(套)								
		实际交货的别墅数量(套)								
		实际交货的限价房数量(套)								

附表 1-5　销售竞标与施工交付(2)

序号	经营步骤		责任人	填写单据	发生金额　单位:万元					
					第一年	第二年	第三年	第四年	第五年	第六年
4	收取货款	所有交货获得的首付款(来源于教师端交货数据录入的现金收入)	市场经理	消费贷款协议(见附录 3)						
		银保监会收购的限价房收入记 2 年期应收款								
		办理消费贷款,获得现金								
		支付消费贷款额度占用费								
		无法拿到消费贷款,记 6 年应收款,金额为								
		支付景观费和规划设计费								
		收到城市基础设施与配套工程换取的土地亩数								
		换取土地的价值筹码一起放在盘面上,金额为(万元)								
5	团队管理业务	本期招募运营团队(个),保证每期末至少应有一个团队	运营经理	无						
		本期辞退运营团队(个)								
		招募/辞退运营团队,支付团队招募费								
		支付团队工资奖金(含已辞团队)								
		现金盘点								

附表 1-6　投融资业务

序号	经营步骤		责任人	填写单据	发生金额　单位：万元					
					第一年	第二年	第三年	第四年	第五年	第六年
1	银行存款	银行存款往前移一格，到期收回/提前收回本金	理财经理	填写对公存款竞标单（见第八章表 8-1）						
		办理银行存款								
		收到所有银行存款余额利息								
2	国债业务	国债往前移一格，到期兑付/提前兑付金额	理财经理	房地产公司国债购买（见第九章表 9-3）						
		填写第九章房地产公司国债购买表，按国债原值支付国债投资款								
		支付国债购买溢价								
		按照本年度国债余额收到国债净利息（扣减提前兑换的手续费）								
3	提前偿还贷款	提前偿还未到期贷款，取走相应记账筹码	财务经理	无						
		支付提前偿还的违约金								
4	盘点	现金盘点	财务经理	无						

附表 1-7　外部经营业务

序号	经营步骤		责任人	填写单据	发生金额　单位:万元					
					第一年	第二年	第三年	第四年	第五年	第六年
年末	交费或奖励	支付管理费(每年管理费 2 500 万元)	财务经理	无						
		支付罚款等其他费用								
		按商品房和限价房交付数量排名获得银保监会奖励或其他奖励								
	交税	交增值税(请见利润查询模块)	会计主管	无						
		交所得税(请见利润查询模块)								
	盘点土地	期末剩余土地亩数(亩)	全体成员	无						
		期末剩余土地价值(万元)								
	盘点库存商品房	期末库存商品房(套)								
		期末库存商品房占用的土地数量(亩)								
		期末库存商品房的土地价值(万元)								
		期末库存商品房的建安成本(万元)								
	盘点库存别墅	期末库存别墅(套)								
		期末库存别墅占用的土地数量(亩)								
		期末库存别墅的土地价值(万元)								
		期末库存别墅的建安成本(万元)								
	盘点现金	期末现金余额(万元)								

附录 2:商业银行运营表格

附表 2-1　现金管理模块(1)

填写说明:请在每一年的发生金额一栏中填写数字后将自动生成报表,未发生请填 0,数字前面不能用“+”或“-”号,也不用公式形式,如“300+400”。请注意,数字单位是万元,如发生金额为 1 000 万元,只需填写 1 000。请勿更改此表名称结构和任何步骤,现金余额一栏将自动计算。

序号	业务	经营步骤	责任人	填写单据	发生金额　单位:万元					
					第一年	第二年	第三年	第四年	第五年	第六年
		期初现金余额								
1	准备金计提	清空上年所有费用栏,填写第十章表 10-1 年末贷款余额表,计提专项贷款损失准备,同时将盘面相应企业贷款移出同等金额至专项损失准备栏	全体成员	年末贷款余额表						
2	资金规划	填写教材第九章商业银行资金规划表(表 9-1),提交股票发行计划	全体成员	商业银行资金规划表						
3	理财结算	公示上年利润,按股份占例支付分红款	理财经理	无						
		股票投资盈利,收到现金分红金额								
4	再贷款业务	央行再贷款往前移一格,到期偿还/提前偿还本金	行长	无						
		流动性不足,向央行再贷款,贷款借入金额								
		支付央行再贷款利息								
5	个人存款业务	盘面所有个人存款往前移一格,偿还到期个人存款	客户经理	个人存款竞标表						
		填写个人存款竞标表,支付营销费用								
		获得个人存款								
		盘点个人存款余额为								
		按个人存款余额支付个人存款利息								

附表 2-2　现金管理模块(2)

序号	业务	经营步骤	责任人	填写单据	发生金额　单位:万元					
					第一年	第二年	第三年	第四年	第五年	第六年
6	上年未受理的消费贷款继续完成	继续完成上年未受理的企业消费贷款业务,金额为	信贷经理	消费信贷协议(见附录3)						
		收到企业办理消费贷款支付的额度占用费								
7	贴现/转贴现/再贴现业务	查看教师端上年房地产销量变化,判断到期票据是否延期; 如未延期,票据往前移一格,到期可收回金额为:	信贷经理	票据贴现表						
		填写票据贴现表,选择贴现票据或银行转贴现,支付贴现全款								
		收取贴现费								
		到其他银行转贴现,收到贴现全款								
		到其他银行转贴现,支付贴现费								
8	企业存款提前支取	企业存款提前取出,本金为	综合柜员	无						
		企业存款提前支取,收到违约金								
9	现金盘点	现金盘点	全体成员	无						

附表 2-3　股票、贷款业务

序号	业务	经营步骤	责任人	填写单据	发生金额　单位:万元					
					第一年	第二年	第三年	第四年	第五年	第六年
1	对公贷款业务	企业贷款往前移一格,贷款到期/提前收回本金(按盘面记账筹码金额,不包括已计提损失的贷款本金)	信贷经理	填写商业银行对公贷款表,签订贷款协议(见附录 3)						
		本年及以前已计提损失准备的贷款又收回来了								
		填写本书第四章商业银行对公贷款表(见表 5-1),发放企业贷款,填写贷款协议书								
		按企业贷款余额收到利息;企业提前还贷或延后还贷加收违约金								
		收到企业的额度占用费和财务评审费等								
2	代理委托贷款	代理委托贷款的银行,收取代理费	综合柜员	委托贷款表						
3	现金盘点	现金盘点	全体成员	无						

附表 2-4　管理流动性与消费贷款(1)

序号	业务	经营步骤	责任人	填写单据	发生金额　单位:万元					
					第一年	第二年	第三年	第四年	第五年	第六年
1	央票业务	央票往前移一格,到期收回本金	会计主管	无						
		购买央票,支付投资款								
		按盘面资产栏的央票余额收到利息								
2	股票发行与购买	发行股票,填写股票发行与购买表,收到股票投资款	行长	填写股票发行与购买表,颁发股权证(见附录 3)						
		购买股票,支付股票投资款								
		卖出股票,请先填写股票当年投资总价款(含溢价)								
		卖出股票,收到股票转让款								
		赎回股票,用现金支付								
3	同业拆借	盘面资产栏的同业拆借(借)往前移一格,到期收回/提前收回本金	行长	填写同业拆借表						
		盘面负债栏的同业拆借(贷)往前移一格,到期偿还/提前偿还本金								
		存贷比超标的银行同业拆借,填写同业拆借表,借入资金								
		同业借出资金								
		按盘面资产栏的同业拆借(借)余额收到利息;对方无法偿还时收到违约金								
		按盘面负债栏的同业拆借(贷)余额支付利息;无法偿还时支付违约金								

附表 2–5 管理流动性与消费贷款(2)

序号	业务	经营步骤	责任人	填写单据	发生金额 单位:万元					
					第一年	第二年	第三年	第四年	第五年	第六年
4	个人消费贷款	原有消费贷款往前移一格,填写第七章消费贷款(表 7–1),办理消费贷款业务,金额为(5 年期)	信贷经理	填写消费贷款表						
		收到企业办理消费贷款支付的额度占用费								
		本年度央行宣布的贷款基准利率为								
		收到消费者支付的消费贷款余额利息,金额为								
		由消费者每年等额偿还本金								
		盘点消费贷款余额为								
5	网点经营业务	增设营业网点(个)	行长	无						
		撤销营业网点(个)								
		本期末营业网点数量(个)								
		支付网点建设费								
		支付网点运营费(含已撤网点)								
6	团队管理业务	本期招募存款团队(个)	综合柜员	无						
		本期招募贷款团队(个)								
		本期辞退存款团队(个)								
		本期辞退贷款团队(个)								
		本期末存款团队总数量(个)								
		本期末贷款团队总数量(个)								
		支付团队招募费								
		支付团队工资奖金(含已辞团队)								
7	盘点现金	现金盘点	全体成员	无						

附表 2-6　投融资业务

序号	业务	经营步骤	责任人	填写单据	发生金额　单位:万元					
					第一年	第二年	第三年	第四年	第五年	第六年
1	对公存款	盘面负债栏的企业存款往前移一格,到期偿还	客户经理	填写对公存款竞标表						
		填写第八章商业银行对公存款竞标表(见表 8-2),吸收企业存款								
		盘点负债栏的企业存款余额								
		支付所有企业存款的利息								
2	存款准备金	央行宣布的本年度存款准备金率	主办会计	无						
		以所有个人和企业存款余额为基数,上缴存款准备金								
		央行退回多缴的存款准备金								
		盘点存款准备金余额								
3	国债业务	国债往前移一格,到期兑付/提前兑付本金	客户经理	填写商业银行国债购买表						
		填写第九章商业银行国债购买表(见表 9-7),支付国债投资款								
		支付国债购买溢价								
		按照本年度国债余额收到国债净利息(扣减提前兑换的手续费)								
4	收到提前还贷	收到企业提前还贷本金	信贷经理	无						
		收到企业提前还贷的违约金								
5	盘点现金	现金盘点	全体成员	无						

附表 2–7　银保监会监管

序号	业务	经营步骤	责任人	填写单据	发生金额　单位:万元					
					第一年	第二年	第三年	第四年	第五年	第六年
1	交费或奖励	支付管理费(每年 1 000 万元)	综合柜员	无						
		支付罚款等其他费用								
		获得奖励等								
2	交税	交所得税(请见利润查询模块)	会计主管	无						
3	盘点现金	期末盘面现金余额	全体成员	无						

附录3:各类协议文本

银行贷款协议

贷款方:________银行;　　借款方:______ 公司;　保证方:__________

贷款种类:__________________贷款

借款金额:人民币________________(大写)元整

借款期限与利率:自第______年至______年,年息百分之____,每年支付利息,最后一年还本。

银行中间业务费:财务评审费每年____万元。额度占用费一次性收取____________万元。

保证方的担保费:每年收取____万元。

违约责任:

抵押物:

担保责任(如有担保方):全额补偿

银行是否可以提前收回贷款:

其他约定(如银行在什么情况下可提前收回贷款,企业主动提前还款的手续费,是否绑定消费贷款或存款等):

银行贷款协议

贷款方:________银行;　　借款方:______ 公司;　保证方:__________

贷款种类:__________________贷款

借款金额:人民币________________(大写)元整

借款期限与利率:自第________年至________年,年息百分之____,从贷款当年开始,每年支付利息,最后一年还本。

中间业务费:财务评审费每年____万元。额度占用费一次性收取____________万元。

保证方的担保费:每年收取____万元。

违约责任:

抵押物:

担保责任(如有担保方):全额补偿

银行是否可以提前收回贷款:

其他约定(如银行在什么情况下可提前收回贷款,企业主动提前还款的手续费,是否绑定消费贷款或存款等):

银行贷款协议

贷款方:________银行;　　借款方:______ 公司;　保证方:__________

贷款种类:__________________贷款

借款金额:人民币________________(大写)元整

借款期限与利率:自第________年至________年,年息百分之____,每年支付利息,最后一年还本。

银行中间业务费:财务评审费每年____万元。额度占用费一次性收取____________万元。

保证方的担保费:每年收取____万元。

违约责任:

抵押物:

担保责任(如有担保方):全额补偿

银行是否可以提前收回贷款:

其他约定(如银行在什么情况下可提前收回贷款,企业主动提前还款的手续费,是否绑定消费贷款或存款等):

银行贷款协议

贷款方:________银行;　　借款方:______ 公司;　保证方:__________

贷款种类:__________________贷款

借款金额:人民币________________(大写)元整

借款期限与利率:自第________年至________年,年息百分之____,从贷款当年开始,每年支付利息,最后一年还本。

中间业务费:财务评审费每年____万元。额度占用费一次性收取____________万元。

保证方的担保费:每年收取____万元。

违约责任:

抵押物:

担保责任(如有担保方):全额补偿

银行是否可以提前收回贷款:

其他约定(如银行在什么情况下可提前收回贷款,企业主动提前还款的手续费,是否绑定消费贷款或存款等):

银行贷款协议

贷款方：________银行；　借款方：______ 公司；　保证方：__________

贷款种类：__________________贷款

借款金额：人民币________________（大写）元整

借款期限与利率：自第________年至________年，年息百分之____，每年支付利息，最后一年还本。

银行中间业务费：财务评审费每年____万元。额度占用费一次性收取____________万元。

保证方的担保费：每年收取____万元。

违约责任：

抵押物：

担保责任（如有担保方）：全额补偿

银行是否可以提前收回贷款：

其他约定（如银行在什么情况下可提前收回贷款，企业主动提前还款的手续费，是否绑定消费贷款或存款等）：

银行贷款协议

贷款方：________银行；　借款方：______ 公司；　保证方：__________

贷款种类：__________________贷款

借款金额：人民币________________（大写）元整

借款期限与利率：自第______年至______年，年息百分之____，从贷款当年开始，每年支付利息，最后一年还本。

中间业务费：财务评审费每年____万元。额度占用费一次性收取____________万元。

保证方的担保费：每年收取____万元。

违约责任：

抵押物：

担保责任（如有担保方）：全额补偿

银行是否可以提前收回贷款：

其他约定（如银行在什么情况下可提前收回贷款，企业主动提前还款的手续费，是否绑定消费贷款或存款等）：

个人住房消费贷款协议

贷款方：________银行；　借款方：消费者；　受托办理方：____企业

贷款种类：个人住房消费贷款

借款金额：人民币________________（大写）元整

借款期限与利率：5 年期，自第________年至________年，按基准贷款利率，每年由消费者支付利息，次年开始由消费者等额还本，5 年还清。

银行中间业务费：额度占用费由受托办理方一次性支付______万元。

违约责任：

抵押物：住房

银行是否可以提前收回贷款：不可以

其他约定（如银行在什么情况下可提前收回贷款，个人主动提前还款的手续费等）：在个人多次还款违约时可以提前收回贷款。

个人住房消费贷款协议

贷款方：________银行；　借款方：消费者；　受托办理方：____企业

贷款种类：个人住房消费贷款

借款金额：人民币________________（大写）元整

借款期限与利率：5 年期，自第________年至________年，按基准贷款利率，每年由消费者支付利息，次年开始由消费者等额还本，5 年还清。

银行中间业务费：额度占用费由受托办理方一次性支付______万元。

违约责任：

抵押物：住房·

银行是否可以提前收回贷款：不可以

其他约定（如银行在什么情况下可提前收回贷款，个人主动提前还款的手续费等）：在个人多次还款违约时可以提前收回贷款。

个人住房消费贷款协议

贷款方：________银行；　借款方：消费者；　受托办理方：____企业

贷款种类：个人住房消费贷款

借款金额：人民币________________（大写）元整

借款期限与利率：5年期，自第________年至________年，按基准贷款利率，每年由消费者支付利息，次年开始由消费者等额还本，5年还清。

银行中间业务费：额度占用费由受托办理方一次性支付______万元。

违约责任：

抵押物：住房

银行是否可以提前收回贷款：不可以

其他约定（如银行在什么情况下可提前收回贷款，个人主动提前还款的手续费等）：在个人多次还款违约时可以提前收回贷款。

个人住房消费贷款协议

贷款方：________银行；　借款方：消费者；　受托办理方：____企业

贷款种类：个人住房消费贷款

借款金额：人民币________________（大写）元整

借款期限与利率：5年期，自第________年至________年，按基准贷款利率，每年由消费者支付利息，次年开始由消费者等额还本，5年还清。

银行中间业务费：额度占用费由受托办理方一次性支付______万元。

违约责任：

抵押物：住房

银行是否可以提前收回贷款：不可以

其他约定（如银行在什么情况下可提前收回贷款，个人主动提前还款的手续费等）：在个人多次还款违约时可以提前收回贷款。

个人住房消费贷款协议

贷款方:________银行;　　借款方:消费者;　受托办理方:____企业

贷款种类:个人住房消费贷款

借款金额:人民币________________(大写)元整

借款期限与利率:5 年期,自第______年至______年,按基准贷款利率,每年由消费者支付利息,次年开始由消费者等额还本,5 年还清。

银行中间业务费:额度占用费由受托办理方一次性支付______万元。

违约责任:

抵押物:住房

银行是否可以提前收回贷款:不可以

其他约定(如银行在什么情况下可提前收回贷款,个人主动提前还款的手续费等):在个人多次还款违约时可以提前收回贷款。

个人住房消费贷款协议

贷款方:________银行;　　借款方:消费者;　受托办理方:____企业

贷款种类:个人住房消费贷款

借款金额:人民币________________(大写)元整

借款期限与利率:5 年期,自第______年至______年,按基准贷款利率,每年由消费者支付利息,次年开始由消费者等额还本,5 年还清。

银行中间业务费:额度占用费由受托办理方一次性支付______万元。

违约责任:

抵押物:住房

银行是否可以提前收回贷款:不可以

其他约定(如银行在什么情况下可提前收回贷款,个人主动提前还款的手续费等):在个人多次还款违约时可以提前收回贷款。

银行存款协议

甲方：________银行；　　　　　　　　　　乙方：____________；

存款金额：人民币________________（大写）元整

期限：自第______年至______年

利率：固定利率，年利率____%，从存款当年开始，每年领取利息，最后一年还本。

其他约定：

如企业提前支取，违约金为__________万元。（如不约定，提前支取将无须支付违约金）

银行存款协议

甲方：________银行；　　　　　　　　　　乙方：____________；

存款金额：人民币________________（大写）元整

期限：自第______年至______年

利率：固定利率，年利率____%，从存款当年开始，每年领取利息，最后一年还本。

其他约定：

如企业提前支取，违约金为__________万元。（如不约定，提前支取将无须支付违约金）

委托贷款协议

贷出方：________公司；　借入方：______ 公司；　保证方：______________

委托贷款资金金额：人民币________________（大写）元整

借款期限与利率：自第______年至______年，年息百分之____，从当年开始支付利息，到期还本。

中间业务费：本委托贷款双方商定由______银行办理，代理费______万由______企业支付。

违约责任：

抵押物：

担保责任（如有担保方）：全额补偿

保证方的担保费：每年收取____万元。

贷方是否可以提前收回贷款：

委托贷款协议

贷出方：________公司；　借入方：______ 公司；　保证方：______________

委托贷款资金金额：人民币________________（大写）元整

借款期限与利率：自第______年至______年，年息百分之____，从当年开始支付利息，到期还本。

中间业务费：本委托贷款双方商定由________银行办理，代理费______ 万由________企业支付。

违约责任：

抵押物：

担保责任（如有担保方）：全额补偿

保证方的担保费：每年收取____万元。

贷方是否可以提前收回贷款：

同业拆借协议

贷出方：_______银行；　借入方：______ 银行；

同业拆借资金金额：人民币______________（大写）元整

借款期限与利率：自第______年至______年，年息百分之____，从当年开始支付利息，到期还本。

违约责任：

贷方是否可以提前收回贷款：

同业拆借协议

贷出方：_______银行；　借入方：______ 银行；

同业拆借资金金额：人民币______________（大写）元整

借款期限与利率：自第______年至______年，年息百分之____，从当年开始支付利息，到期还本。

违约责任：

贷方是否可以提前收回贷款：

土地转让协议

售出方：________公司；　　买入方：______ 公司；

土地交易数量：________亩

总价：人民币________________（大写）万元整

其中现金支付：人民币__________万元整，赊账__________万元整，第____年支付。

赊账不付的违约责任：

土地转让协议

售出方：________公司；　　买入方：______ 公司；

土地交易数量：________亩

总价：人民币________________（大写）万元整

其中现金支付：人民币__________万元整，赊账__________万元整，第____年支付。

赊账不付的违约责任：

股 权 证

____________公司/银行

股权证存根(NO.　　　　)

股东姓名:____________

出资金额:　　　　元人民币

持有股份:　　%

主办会计:

董事长:

签发日期:_____年_____月_____日

持证须知

一、此证为有价证券,可以按法定程序进行继承、转让;

二、此证为股东出资证明,不得作为货币流通;

三、此证经发行企业、主办会计、法定代表人签字/盖章生效;

四、此证应妥为保管,涂改无效。如有丢失,应及时向发行企业登记挂失。

股权转让记录

转让日期	出让人			受让人			过户承办人
	姓名	印鉴	身份证号码	姓名	印鉴	身份证号码	

附录4:金融银行模拟经营实训指导书

一、实验目的与要求

商业银行模拟经营对抗实训是让学生通过“做”来“学”。学生被置于一个接近真实的商业大环境中,面对严格执法的监管机构和良莠不齐的客户,需要切实地将所学的银行经营管理理念和技能付诸实践以判断具体的操作。因此,实战实训可以有效地增强学生的学习能力,使学生对所学的理论知识理解更透、记忆更深,同时学生也能体会并触摸到商业银行具体的经营运作方式。

学生在一个仿真的银行工作环境中,需要面对虚拟的客户提出的各种要求来进行相应的分析判断以及决策:如对客户所提出的贷款申请该行是否受理?如果不受理理由是什么?接受以后如何操作?通过每一步操作的自主思考,不仅可以加强学生对于银行相关业务处理的理解,帮助其提高业务操作的熟练程度,更重要的是能培养其自我管理和整体规划的能力。

二、实训内容与项目概述

本次实验内容与项目涵盖五大单元,包括:① 商业银行核心业务与绩效管理实验;② 商业银行会计与报表业务;③ 银保监会对商业银行的评级和监管实训;④ 商业银行信贷业务实验;⑤ 商业银行风险管控实训。

(一) 商业银行核心业务与绩效管理实验

附表 4-1 商业银行核心业务与绩效管理实验项目

一级模块	二级模块	实验项目名称	涉及课程
商业银行核心业务和绩效管理实验	机构设立	商业银行构建与组织结构设计	商业银行经营与管理
	岗前培训	分析研究商业银行与其他商业银行(机构)的业务关系	
	业务准备	制定商业银行发展战略及决策规则	商业银行业务管理
		熟悉商业银行主要业务	
		设计商业银行主要业务工作流程及管理规则	
		熟悉仿真业务的原始单据	
	工作计划	商业银行存款业务计划	
		商业银行贷款计划	
	业务实施	商业银行存款业务	
		商业银行贷款业务	
		商业银行中间业务	
		商业银行投资业务	
	工作总结	商业银行损益表填制	商业银行会计 财务管理
		商业银行资产负债表填制	
		商业银行绩效评价	

1. 实验流程(工作程序)

(1) 建立由 3 人组成的中央银行团队,由 3 人组成的银保监会团队,6 支商业银行团队(每队均由 3~4 人组成),6 支企业团队(每队均由 3~4 人组成)。6 家商业银行各自包括:综合柜员岗位负责记账、会计主管负责报表、行长兼客户经理岗位。央行和银保监会团队分设央行行长、产品市场监管局长、价格监管局长、银保监会主席、商业银行监管局局长、货币政策委员会秘书长。

(2) 规则介绍、破冰起航。

(3) 各商业银行公布自己的名称、经营理念与发展目标,各房地产企业自行选择基本存款账户的开户行以及日后业务的往来行。

（4）各商业银行制定资金运营计划。

（5）各商业银行对房地产公司开展存贷款业务，票据业务和中间业务。商业银行的经营运作由商业银行行长调控，并在企业确定经营项目之后找企业拉存贷款、综合柜员负责与客户签订合同以及办理部分中间业务、会计主管负责整理内部资料并准备该年度的资产负债表、现金流量表和损益表所需数据。

2. 实验成果

（1）商业银行资金规划表；

（2）商业银行业务经营报告。

（二）商业银行会计与报表业务

附表 4-2 商业银行会计与报表业务

一级模块	二级模块	实验项目名称	涉及课程
商业银行会计与报表业务	岗前培训	商业银行会计核算与报表分析	商业银行会计 财务管理 货币银行学 商业银行经营与管理
	业务准备	制定商业银行会计主管职责规划	
		熟悉商业银行主要业务	
		熟悉商业银行会计核算规定	
		熟悉商业银行会计报表分析	
	业务实施	商业银行存款业务会计核算	
		商业银行贷款业务会计核算	
		商业银行中间业务会计核算	
		商业银行投资业务会计核算	
		商业银行现金流量表填制	
		商业银行损益表填制	
		商业银行资产负债表填制	
	工作总结	商业银行损益表分析	商业银行会计
		商业银行资产负债表分析	

1. 实训流程（工作程序）

（1）商业银行会计主管负责报表业务；

（2）填制商业银行现金流量表；

（3）对商业银行存贷款业务进行会计核算；

（4）对商业银行中间业务进行会计核算；

（5）对商业银行投资业务进行会计核算；

（6）填制商业银行损益表；

（7）填制商业银行资产负债表；

（8）分析损益表和资产负债表，共同商定调整下一期经营计划。

2. 实训成果

（1）商业银行损益表；

（2）商业银行资产负债表。

（三）银保监会对商业银行的评级和监管实验

附表 4-3　银保监会对商业银行的评级和监管实验项目

一级模块	二级模块	实验项目名称	涉及课程
银保监会对商业银行的评级和监管实验	机构设立	银保监会组织结构的构建	金融市场学
	岗前培训	分析研究银保监会监管的目的、标准与职责	
	业务准备	制定银保监会主要岗位的职责	商业银行业务管理
		熟悉商业银行分级监管的主要指标含义及指标之间的关系	
		熟悉不良贷款评价指标	
		熟悉风险准备金的评判与计提标准	
	业务实施	对商业银行的综合评级业务	金融学 商业银行经营与管理 中央银行业务与金融监管
		对商业银行的分级监管业务	
		对商业银行贷款总量的监管业务	
		对商业银行不良贷款的监管业务	
		对商业银行风险准备金计提的监管业务	
	工作总结	分析商业银行的运营状况	商业银行经营与管理
		总结商业银行不良贷款的结构	
		对商业银行运营风险进行预警	

1. 实验流程（工作程序）

（1）银保监会宣布需要各商业银行提交的年度资料（如各行的资本金充足率、不良贷款总量、不良贷款率、拨备覆盖率等）、对银行的评级依据以及相应监管手段。

（2）银保监会的运作由银保监局局长调控，检查商业银行是否有违规记录并提出相应的整改意见。

（3）每会计年度检查各商业银行的存贷比、资本金充足率。

（4）每会计年度检查商业银行的不良贷款比率、拨备覆盖率与风险准备金计提情况。

（5）根据各商业银行的运营情况出具风险控制表和整改意见表。

2. 实验成果：

（1）商业银行运营绩效分析报告。

（2）商业银行分级监管报告。

（3）商业银行风险控制表和整改意见表。

（四）商业银行信贷业务实验

附表 4-4　商业银行信贷业务实验项目

一级模块	二级模块	实验项目名称	涉及课程
商业银行信贷业务实训项目	岗前培训	分析商业银行信贷业务如何管理	商业银行业务管理
	业务准备	熟悉商业银行信贷管理的基本原则	
		熟悉商业银行贷款的规则	货币银行学 商业银行业务管理
		熟悉商业银行贴现规则	
		熟悉商业银行担保规则	
		理解商业银行信贷管理对企业的影响	
	工作计划	商业银行资金运营计划	商业银行业务管理 金融市场营销
		商业银行信贷计划	
	业务实施	计算本年信贷额度	
		判断市场流动性大小	
		计算资金成本	
		确定贷款利率定价范围	
		贷前资信调查	
		贷中审查与中间业务谈判	
		贷后跟踪与风险评级	
	工作总结	商业银行贷款总量分析	现代商业银行经营与管理
		商业银行贷款结构分析	
		商业银行不良贷款计提	

1. 实训流程(工作程序)

（1）各商业银行制定运营计划。

（2）商业银行客户经理负责信贷业务经营。

（3）商业银行贷款定价。

（4）商业银行受理房地产公司的企业贷款业务。

（5）贷前、贷中、贷后审查。

（6）商业银行个人消费贷款业务管理。

2. 实训成果

（1）商业银行授贷调查报告。

（2）商业银行信贷审查意见。

（五）商业银行风险管控实验

附表 4-5　商业银行信贷风险管控实验项目

一级模块	二级模块	实验项目名称	涉及课程
商业银行风险管控实验	岗前培训	不良贷款对商业银行经营造成的后果	商业银行经营与管理
		不良贷款的判定标准	
	业务准备	熟悉信贷风险的构成	商业银行业务管理
		熟悉不良贷款的预警指标	
		熟悉不良贷款的处理方法	
		熟悉不良贷款的处理流程	
	业务实施	不良贷款的预警业务	金融学 商业银行经营与管理 中央银行业务与金融监管
		不良贷款的分级判定业务	
		对不良贷款风险准备金的计提业务	
		对不良贷款的处理业务	
	工作总结	总结不良贷款出现的原因	商业银行经营与管理
		总结如何避免不良贷款的产生	
		分析处理不良贷款时容易出现的问题	

1. 实验流程（工作程序）

（1）每个会计年度初，企业通过公开投标的方式确定本年的经营项目，填写贷款可行性分析报告、借款申请书。

（2）检查各企业该年度的现金流量表、损益表、资产负债表，计算相应的财务指标。

（3）根据企业还款情况，按 5 级分类标准判定所有贷款的等级。

（4）深入了解企业运营状况，判定产生不良贷款产生的原因。

（5）每一会计年度计提风险损失准备金。

（6）根据不良贷款的原因，制定有针对性的处理措施。

2. 实验成果

（1）商业银行不良贷款统计表。

（2）商业银行不良贷款分析报告。

附录 5:常见操作问题与解答

一、央行方面

(1) 商业银行不良贷款与专项风险损失准备的贷款余额是否是以银行去年年底账面的所有贷款余额,包括各期限的(对公+消费贷)?

不是的,仅是指对公贷款。

(2) 土地数量控制原则是什么? 第二年数量多少合适? 120~140 亩是否比较妥当? 我们刚完成的这一轮第二年是定 160 亩,此后从智能推荐政策来看好像是每一年都有较大幅度增加?

智能推荐的土地控制原则是根据上年房地产价格涨幅来计算的,如果上年商品房和别墅均价涨幅较大,系统会自动增加供地。但央行组可根据流动性调整土地数量,如减少土地供给,即可实现减少货币需求,改善流动性。

(3) 土地数量是否直接影响个人存款规模? 即有多少土地投放出去,就需有多少现金(土地出让金)出去? 个人存款规模对应的筹码是否是随机抓取?

在系统中,土地数量与个人存款数量关联,有多少土地投放出去,就需有多少现金(土地出让金)出去。个人存款规模对应的筹码由央行随机抓取。

(4) 我们第一轮的房地产公司土地拍卖数量检查表为空白。请问这个是由土地竞标出相应数据还是房地产公司转出土地出相应数据?

在教师端“宏观政策与监管检查”的房地产公司土地款支付检查表中,这个是由教师端土地竞标各房地产公司应支付款项和各小组学生端竞标土地实际支付数据对比,应相等,否则就会显示错误。

(5) 交货数据录入里面,银保监会收购是从第二年开始,但是市政工程项目是第四年后才开始有?

银保监会收购限价房与市政工程项目没有关系,市政工程项目可以由老师决定是否提前。任何一年,市政工程项目的收入是换取土地,与限价房无关。

(6) 第二年年末数据导入后,发现企业和银行超标于是决定罚款。但执行时发现 1 000万~1 500 万元的力度较小、违规成本低,合理的范围应是多少?

老师可修改此规则,可以按照企业和银行当年营业利润的百分比罚款。

(7) 若罚款在第三年初再录入第二年进行处理的话,这些罚款信息没有及时导入就不会影响第三年的竞标等数据。若是第二年年末二次导入又过于烦琐,于是每年末都得重新导入两次,解决建议是什么? 能否改进?

可以把第二年罚款录入第三年,但最后一年罚款应录入在最后一年。即使录入在第二年也不会对第三年竞标数据有影响。

(8) 发行央票时规模为 2 亿元,但系统按照整数原则处理后致使实际发行额为 2.2 亿元,这会对其他数据产生影响吗?

不会。

(9) 本轮实训第一年供地 140 亩,发放完对公贷款后,流动性不足,消费贷无法满足延至下一年。若此时减少土地供应,个人存款甚至为零,就没办法为企业补发消费贷款;

于是第二年增加土地供应后，个人存款又被补发消费贷占用，为了竞标土地企业即便提前支取了存款而银行在发放对公贷款后资金所剩不多，消费贷又延至下年……于是产生了土地被迫每年不断增加，消费贷持续不足，流动性过紧的局面。尝试开展土地转让和房产信托和股票业务，但是银行和企业的现金都不多，没有市场和动力，有何解决建议？

流动性不足时，央行可以主动提前兑付央票，银行可以提前兑付国债。如央票与国债均提前兑付仍流动性不足，央行可以主动再贷款给商业银行，也就是说，央行作为最后贷款人，可以提供无限流动性。主动再贷款给商业银行由央行组决定金额，由各商业银行自行申请。银行在再贷款一栏填入再贷款金额。此时，不扣分。

二、商业银行方面

（1）新增个人存款登记与利息速算表是否必须填写（前轮培训没有此项安排，是否是登记前面随机抓取的存款类型及提供利息速算）？

建议填写，否则央行组无法监管各商业银行利息支付是否正确。

（2）场外个人存款总额的概念是什么？

央行每年根据宏观政策公布的个人存款总额，随机拿取的各类个人存款。

（3）贴现率确定是否参考贷款利率的上下限，取其中某一水平？

是的，同时考虑当年流动性与其他商业银行竞争情况。

（4）行业票据选定的依据是什么？

应考虑预期票据风险，当上年房地产行业销量同比上升时，高档消费品行业票据将出现延期兑付；当上年房地产行业销量同比下降时，家居、建材将出现延期兑付。

（5）第一轮我们只做了 4 年，为什么有第 5、6 年的数据？

如果第 5、6 年不经营，各公司资产负债表还是第 4 年年末的结果。

（6）对公贷款中，老客户是否一定按优惠利率进行？

由商业银行参考老客户信贷评分自行决定。

（7）贷款过程中考虑老客户关系，而不是优选其他客户，可以由商业银行自行决定，是最优原则决策还是需要考虑银企关系？

应考虑银企关系。

（8）所谓同等贷款利率依次升高的幅度应该怎样确定？升 0.01 并没有多大意义，但是是升高，可否这样？

此项规定是竞赛条款，如要升高利率，至少应升 1%。在上课时，可由学生自行在最高最低限度内谈判，不按同等贷款利率依次升高条款。

（9）委托贷款中中间业务费率，应该是银行收取的中间费率，是委托方企业的资金成本，制定的依据是什么？

银行收取的委托贷款中间费率，主要考虑竞争情况与银行关系。现实中非常低，都是按千分之一或千分之一点五。在本实验中，计算出的中间费应是最小计量单位 100 万的倍数。

（10）对公贷款若有额度 3 亿元，报出财务评审费为 600 万元，结果有两家公司分别贷出，是两家按贷款比例共支付 600 万元，还是分别给 600 万元？

这个 600 万元是针对 3 亿元总额的，如两家个企业共贷款 3 亿元，应按贷款比例共支付 600 万元。

(11) 表格中消费贷的还款一行位于新增消费贷下,但表内其他业务均是先结算去年的业务再开展今年的业务,是否应该先还消费贷及利息?这样的话,银行的贷款额度还可以增加,有利于有效利用闲置资金。

可以先还消费贷及利息,再进行多轮消费贷款。注意,每增加一笔消费贷款,就应收到一笔利息。银行的消费贷款额度取决于银行当时拥有的现金,在一年当中可以多次进行。

(12) 初始状态中的企业2年期贷款0.7亿元在教师端仍显示为6年,这对之后的数据会有影响吗?

没有影响,这是贷款记录,仅为提示功能。

(13) 年初补发消费贷的利息是不是和年尾发放的消费贷的利息一起结算?

是的。

(14) 本年年初补发的消费贷,利率是按本年年初央行公布的贷款利率还是按去年的利率?

按本年初央行公布的贷款利率。

(15) 年初补发的消费贷利息计入什么地方呢?现金管理模块中未发现相应的行,是应合并计入管理流动性与消费贷款中的收到消费者支付的消费贷款余额利息中吗?

是的。

(16) 补发的消费贷额度占用费怎么定呢?是按去年的数据吗?还是银行重新定,然后按规则(贷款规模大的优先选择额度占用费率低的)来执行呢?

银行重新定,然后按规则(贷款规模大的优先选择额度占用费率低的)来执行。

(17) 若有房企贷款到期不还,可否强制拍卖其土地?拍卖土地的话有上下限的价格吗?若其他房企联合以极低的价格拿地,那还有其他什么应对措施吗?

银行强制拍卖房企土地请参照教材第11页监管要求中第四条。

(18) 若银行无奈同意贷款展期的话,利率是他们自己重新商定吗?是否还要再次收取额度占用费和财务评审费?

展期利率与是否再收取额度占用费与财务评审费均由银行和企业自行商定。

(19) 企业发放新的贷款时,贷款团队限制了新增贷款的额度,若有企业贷款到期不还,是否要考虑将到期不还的贷款列入新增贷款,减少本年贷款的发放额度呢?

软件并不支持将不还贷列入新增贷款,也不会因此而减少贷款发放额度。

(20) 对公贷款中若出现银行拒绝了贷款规模最大客户后,依据老师的建议贷款利率要依次上升1%。目前,我们碰到的情况是:D银行(老客户6.8%最高8.4%)分别拒绝了B、D企业,而把钱贷给A企以维持良好的银企关系,两次拒绝使得D银行的贷款利率应升为8.8%,高于他报至教师端的8.4%。那么此时D银行和A企业的贷款利率应为8.4%还是8.8%?

应为8.4%。

(21) 房产信托、委托贷款的顺序可否调整按企业的需要随时开展?如企业土地竞标后现金不够建房可否在此时进行房产信托?

在EXCEL表中,只要房产信托、委托贷款在前,后面任何业务发现资金不够均可再次信托或委托贷款。但房产信托、委托贷款前面的业务如果发现资金不够,不可这样做。

同前,同业拆借的顺序是否也可按银行的需求调整顺序呢?

在 EXCEL 表中,只要同业拆借在前,后面任何业务发现资金不够均可再次同业拆借。但同业拆借前面的业务如果发现资金不够,不可这样做。

(22) 企业对公存款的规则上明确标明银行不得拒绝,但第六年企业存款较多,而银行由于团队限制额度不够,是否应该拒绝或仅吸收部分额度内的存款呢?

仅吸收部分额度内的存款。

(23) 在银保监会监管评级中盈利性的比重比较大,如果银行发行股票,那它总资产更大,在现有的业务及利润下他们的盈利性不是就变得更低了吗?

在银行资产管理中,外部融资肯定会降低当期每股收益,但同时提供权益资本,银行可用新增权益资本放贷或投资,同样可以获得收益。

(24) 本系统是否不支持展期?实训过程中银行面对企业不能还款,也不容易实现强行拍卖土地和房产等情况下,无奈只能办理展期。如果银行和企业谈妥条件安排展期(利息、本金、违约金、额度占用费、财务评审费等),应该怎样进行登账处理?现实中展期如何进行登账处理?

实训过程中银行面对企业不能还款,也不容易实现强行拍卖土地和房产等情况下,本书第一章第五节监管要求中有一条是要求房地产企业直接从老师处借高利贷还款,利率是 30%。

如银行同意展期,只在合同上加上展期时间即可。由于未发生现金往来,在学生表格中是不需要记账处理的。现实中,如短期贷款展期时变成超过一年的长期贷款,此时如果还未确认是不良贷款,无须计提损失准备时,会计做账时应将短期贷款转化为长期贷款记账。如已确认要计提损失时,则记:借:贷款减值损失——计提贷款损失准备;贷:贷款损失准备。

(25) 个人存款实际发放与宏观政策给出的预计场外个人存款规模不一致(几次都是更少。如某年预计场外个人存款增加 54.2 亿元,最终竞标结果为 569 343 万元),请问场外个人存款规模主要由什么决定?

最终竞标结果比预计场外个人存款稍多,是因为今年各银行平均营销费比上年多了。与供地无关联。

另外,这一轮新系统做下来,好像是场外个人存款逐年增加,市场流动性太充裕了……而我们这轮推演的感觉就是流动性非常的充裕……央行组政策上其实没有什么太大的变动,第二年略宽松,第三年开始都是略紧缩,但是场外个人存款数据一路狂增……

新系统大幅增加了流动性,这样设计是因为原来流动性太紧张,房地产公司不愿拿,导致整个游戏无法进行,老师感觉上课很困难。流动性太充裕,可以由央行大量发行央票收回。这样设计也增加了商业银行竞争与经营难度。

(26) 存贷比检查这么早?要处罚吗?年底吸收对公存款,就降下来了,那时再返还罚款?

存贷比是每年每年底检查,不罚款。

(27) 若银行面临现金不足以应付个人存款到期时,可否将票据、国债、央票转让?若按顺序可以返回去从事已经开展的业务但是却不可以提前进行的话,则不能将上述资产转让,则该年仅能通过再贷款融资?

票据可以转让,在现金管理模块的贴现与转贴现业务。但央票和国债在本系统中不支持组间转让。单个银行如果现金不足,可以通过以下方式:发行股票、同业拆借、转贴现三种方式获得流动性。如果整个市场所有银行出现流动性不足,央行组应该回购央票释放流动性。

(28) 本轮推演中有一个组,每次对公存款都存 100 万,利息按取整的做法也是 100 万。这样的投机能否规避?

此项早已规避,在本书第九章第三节,对部分金融产品规则有具体规定。

(29) 我们认为展期在现实生活中很常见,希望系统能够考虑这一块的设计。现有的系统不便对其进行处理,我们在表中处理成期限调整和相关利息费用计入违约金,但是后来一方面最后的风险损失计提处有错误,另一方面造成了办理展期的银行巨亏。

展期在此系统中是可以操作的:如银行同意展期,只在合同上加上展期时间即可。由于未发生现金往来,在学生表格中是不需要记账处理的。如发生现金往来,我们在表里处理成期限调整和相关利息费用计入违约金:这样做是对的。但是后来一方面最后的风险损失计提处有错误,另一方面造成了办理展期的银行巨亏:风险计提与展期无关,只与该企业销售利润率与资产负债率两个指标有关。即使银行不同意展期,如果销售利润率与资产负债率两个指标导致的不良贷款还是会计为不良贷款。即使银行同意展期,并不代表此笔贷款就是正常类贷款,现实中,往往是不良贷款逼得银行暂时展期,并且通常展期不超过半年。在此游戏中,如需与现实相符,展期不应超过年底。

三、企业方面

(1) 企业不愿意存对公存款,因为担心下一年无法还贷,导致负债率高,评分低,怎样才是正确的做法?

企业对公存款,可以提升当年净利润,对企业综合评分大有好处。同时银行吸收企业存款,虽然会增加利息支出,但会降低存贷比,增加存款余额,对银行综合评分也有好处。现实中,银行会通过绑定,强制企业对公存款,同时,我国现金管理办法规定企业不应放置过多现金在保险柜。为了吸收企业存款,现实中银行会帮助企业粉饰报表。例如,当企业有几百万或上千万亏损时,银行可与企业协商,吸收几亿企业存款,支付上千万利息,帮助企业利润为正。这样企业在银行贷后跟踪评级得分仍会视为正常类贷款,不会视为关注类或其他不良类,银行也不用计提专项风险(一旦计提专项风险,银行利润直线降低)。因此,企业对公存款,是双赢结果。

当然,如果企业担心下一年无法还贷,企业在对公存款时,可以约定提取支取支付较少违约金,这样企业在下一年初即可取出上年末的对公存款,用于还贷或土地竞标。

(2) 各期限的存款贷款的存取和发放时间规定?

个人存款每年初偿还和发放;对公存款一般年末存款,下一年末到期取出,也可以在每年初支付部分违约金提前支取。

(3) 对公贷款中,企业报规模,银行报利率额度等,有时间先后要求还是同时各自密报?

房地产各组全部收齐后录入教师端,再公之于众。银行报利率也是这样。注意,在收齐过程中,未报组不能看到之前组报的规模或利率额度,要收齐之后再公之于众。也可以让企业和银行同时密报,再同时公布。

(4) 对公贷款中的贷款规模是否需要上限? 本次实训中 C 企业为了形成垄断,申报 50 亿,甚至超出系统内现有所有额度,但是在被大多数理性的银行拒绝后他们仅贷到 4 亿。我担心的是若之后每家房企都为了优先选择权恶意高额申报,该如何处理呢?

企业填报贷款规模应遵守央行 65%资产负债率要求,超出应警示或禁止。可以要求企业填报贷款规模同时填上资产负债率。

(5) 本轮出现一种情况,C 企业仅靠自有资金拍地,但却以最低价获取大额订单挤压同业,其实际交付很少且订单不可转让,那么土地转让可以在订单形成后开展吗? 另外对这样的行为怎样约束?

土地转让可以在订单形成之后开展。避免方法为:拍完地后,先竞标订单,再组织各组之间转让土地,再生产商品房和别墅。

(6) 营业税是否可以考虑营改增?

房地产行业营改增是 11%的税点,房地产企业实际上还有涉及土地使用税(费)、土地开发费、市政配套设施费、契税、建设工程许可费、备案费、报建费、印花税、城建教育附加费、工程质检费、工程管理费、土地增值税等多项税费,以上税费大多与工程体量有关,为简化计算,统一设置为 10%的营业收入。该项税费老师可以调整。

(7) 企业竞标土地为零,导致整个企业系统分数显示不出来,有何解决建议? 能否改进?

目前系统已改进,可以远程升级。

(8) 在四家企业相互之间的委托贷款,需要有需求方和供给方。若市场全部都是需求方,或者有时全是供给方,就没办法达到相互之间的一个流动性。若市场的供给方和需求方就只有一个的时候,可能其制定的价格也会过高或过低,依然运营不下去。是否可以考虑外部资金进入,如何进行公平竞争,对此有何解决建议?

不明白外部资金指什么? 总体来说,该沙盘设计是央行通过央票和再贷款控制外部资金供给,央行一般不干预企业之间委托贷款,如果企业之间不能委托贷款,可以由企业发行信托,让银行购买信托,从而让银行资金介入。

(9) 房地产订单总数受行业总体竞标土地影响太大,除了报价,还受以往销售额影响,有企业第三年和第四年数据不理想,所以第五年订单数据就不理想。还有企业搭便车,不购买土地,想利用库存土地。因此经常企业竞标越多土地就亏损越多,导致房地产市场就不景气,有何解决建议?

建议一:本书第一章第五节中监管要求中,老师可决定对交货较多的几家房地产企业按销售金额奖励,老师也可自定奖励规则。

建议二:前两年销售越多,品牌效应就越大,企业应该不断扩大销售以求后面品牌效应越大才对。

(10) 如果所有土地都打算投入建商品房,为什么别墅还需要景观投入?

都建商品房时,无须对别墅进行报价和景观投入。

(11) 房企无法还贷,进行土地拍卖,土地拍卖价格是上年竞标土地均价吗?

不是,完全以市场出价。甚至可以低于银保监会底价,但建议以银保监会底价起拍。

(12) 原始状态下的五年期国债在经营第五年到期,系统没提示继续计息……

学生端的国债利息是每年自己计算的,填在学生表格中。教师端的国债利息是自动计算的,但需要教师自己填写到期国债金额。请注意,国债到期不需支付利息,仅偿还本金。此条规则在本书第一章第五节初始年状态中有规定。

(13) 企业组在盘面摆放上,是否广告费、规划费、景观设计费都是摆放于营销费处?

不是的,摆放在央行组盘面相应位置。其中规划费摆放在建安费处。

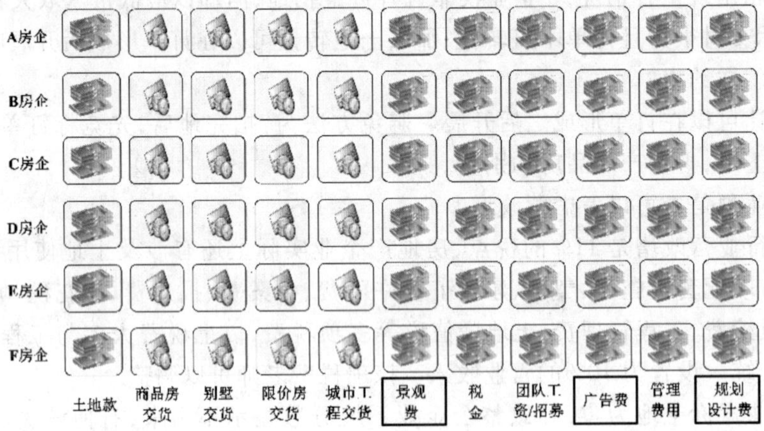

(14) 广告费在表格中的说明仍然是最低 100 万,没有调整,为什么?

在规则中,广告费最低是 100 万元。只是第一年初始操作是 1 000 万元广告费,以后年度是可以低于或高于 1 000 万元的。

(15) 土地竞标时,无论多大数字都可以输入,此处是否应该有限制?

暂时没有限制。老师可以规定不超过盘面现金总额。土地竞标获得土地后,不拿地按违规处罚。此条详见本书第一章第五节房地产企业运营规则。

往年流拍的按说可以加入,但是表上数据也没有相应显示(这里可否做到加入去年流拍数据?)

系统是自动加入的,在宏观政策的供地数量中,自动加进了去年的流拍土地。

是否我们最终对超过的竞标都给地,即发生土地超供?超供没有任何限制?

老师可以修改宏观政策中的供地数量,如发生超供,老师可以改小。如土地不够,老师可以手工增加。

(16) 以低价取得订单,不交房,是否应该有处罚措施?如何约束?

规则中已增加一条:未交货订单按未交货金额 10%罚款。

(17) 企业无钱还贷,拍卖地由银保监会市价收购,其中市价是否为上一年平均价?印象中以前的答复中有个参考市场拍卖价的说法,这是指可以让其他企业一起参与竞拍吗?

企业无钱还贷拍卖土地,可以让其他企业一起参与竞拍,也可由银保监会以底价收购。

(18) 如果企业竞拍,如何登记?土地转让处好像不好登记……另外如果是银保监会收购,又如何登记?可否考虑在贷款模块还贷前增设土地转让登记或银保监会收购填制表格,另外还有房子拍卖的登记问题。我们目前没有碰到要拍卖房子的,如果有的话,也存在上述问题。企业拍卖土地如何登记？

登记在企业土地转让协议里。银保监会收购无须登记。

（19）新系统流动性太多，预计个人存款可否调整？或者能有对此指标有较大影响的其他指标可调。虽然您说可以通过央票和国债的发行购买来回收，但是如果第二年存款到期归还时也无法对其变现。对银行流动性影响很大。如果没有这些新增个人存款，银行还完到期个人存款后，怎么经营？

以上不是流动性太多的问题，流动性并不多，是银行觉得年底保留大量现金应付下年初的个人存款到期，觉得不合算的问题。这个现象与现实也是一致的，每年底银行要备好大量现金以备春节前企业大量取款。如果银行不想这样，可以由得分高的银行先选个人存款，选择那些期限长的个人存款。

四、其他

（1）消费贷是否设计成总运营时间比较合适？由于各个老师每轮上课无法确定总运营几年，故无法把消费贷设计成总运营时间。

一般老师是上 4~6 年，此游戏中取了 5 年。

（2）新年度风险计提和专项损失准备为负数，如何进行登账和摆盘？若计入“已计提损失准备”的贷款又收回来了，会影响该模块的现金盘点，容易出现账实不符，而“准备金计提”所填数字不影响该模块的现金盘点。

在最新版本的银行沙盘教师端，已不会再出现新年度风险计提和专项损失准备为负数了。

（3）本系统默认四家企业和四家银行经营，初始数据和第一年经营数据都是从四家竞争出发设计。但是本轮我们采用了五组竞争，这样原来设定的数据感觉对经营情况有不良影响（比如场外个人存款数量等），是否考虑不同模拟经营规模设计不同的初始数据和第一年经营数据更合适一些（比如第一年增加供地亩数）？

请按以下操作：点击教师端主界面的每年分组数量，如附图 5-1 所示。

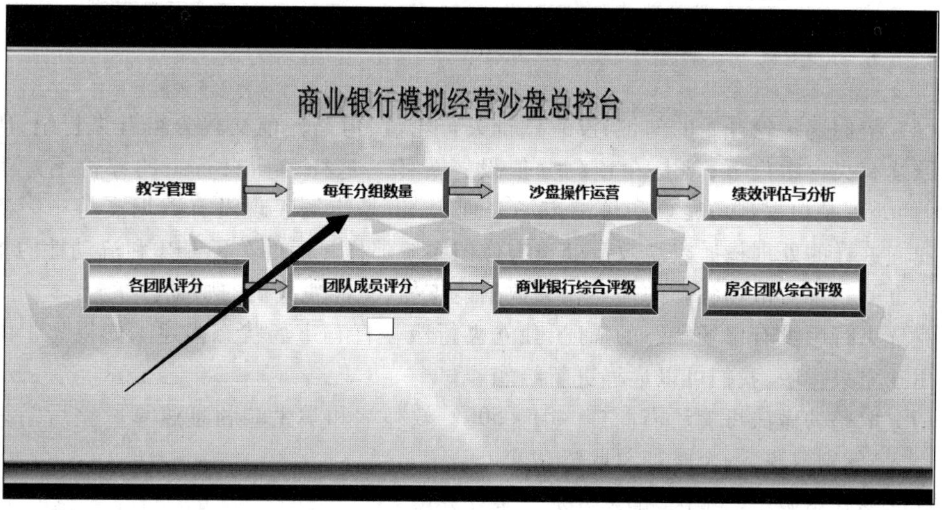

附图 5-1

然后在附图 5-2 界面中,绿色背景(阴影)单元格写上每年分组数量,那么每年的外围数据全部会变(如土地、个人存款等):

各公司每年分组数量						
	第一年初始状态	第二年	第三年	第四年	第五年	第六年
房地产公司数量(家)	4	4	4	4	4	4
商业银行数量(家)	4	4	4	4	4	4

附图 5-2

(4) 五家经营时,对公贷款记录表的空格不够,默认四家,空格外也无法填写,如何解决?

对公贷款记录表仅起辅助记录作用,应以教材附录 3 中的合同记录为准。

(5) 现金盘点没有数字,+VAULE 是哪里出现问题了呢?

可能是未发生业务单元格没有填写 0,也有可能是如附图 5-3 所示银保监会监管模块管理费未填。填写说明红字部分有提示"未发生就填 0",在第一年操作中,可以看到所有未发生单元格已填写 0。只要按此操作,就不会出现+VAULE 的问题了。

序号	业务	经营步骤	发生金额 第二年	发生金额 第三年
		期初现金余额	31400	请填管理费
	7、贴现/转贴现	查看教师端上年房地产销量变化,判断到期票据是否延期; 如未延期,票据往前移一格,到期可收回金额为:		
		填写票据贴现表,选择贴现票据或银行转贴现,支付贴现全款		
		收取贴现费		
		到其他银行转贴现,收到贴现全款		
		到其他银行转贴现,支付贴现费		
	8、企业存款提前支取	企业存款提前取出,本金为		
		企业存款提前支取,收到违约金		
	9、现金盘点	现金盘点	29400	#VALUE!

附图 5-3

(6) 我们这一轮开始的匆忙,没有试行央行轮值,但是先前交代分组有央行组,所以我们继续有央行组设置,但是在预测分值设置为零。这样的话央行组的评价不好进行(我们的处理是根据现场表现和最终市场表现)。但是市场表现没有数据支持……新系统中我们这样的处理最后宏观政策处没有像旧系统那样显示的关于 CPI 和流动性的指标说明。也就是说对市场状态的描述相关数据能支撑,只能凭我们的感觉?

竞选央行版没有市场状态的描述,独立央行版一直有市场状态描述。如果您上课愿意采用独立央行版,我们可以远程更新给您。

(7) 取整的做法可能还需商榷,401=500? 教师端和学生端利息速算取整后结果不同,一个是分别取整,一个是加总取整。

此问题在新版中已解决,都按分别取整计算的。

(8) 外部票据贴现规模有的年份有,有的年份没有,不知道是由什么决定?

自第三年开始，外部票据贴现规模＝上年平均每家房企交货总金额×0.7，结果按5 000万元取整。

（9）似乎新系统的银行各种费率都是改成了最高的设置……是为了提供给他们更多的议价空间吗？

是的。

（10）土地转让没有相应协议书，教师端也没有相关登记表格，是各组自己谈价格，然后自行在表格相关处登记？但是感觉如果有协议书或者教师端登记更好核实。

同业拆借、土地转让没有协议，已加在本书附录3中。

（11）系统中对公贷款的登记表，只有对应的四家（企业银行均如此），这样我们本轮推演中出现的超过四家进行的贷款不好登记。

一般情况下，银行与企业不会超过4家客户，如超过，可以在合同上登记，用合同控制。

参考文献

[1] 彭仁孚. 企业经营沙盘模拟[M]. 北京:电子工业出版社,2015.
[2] 任森春,祝文峰. 商业银行业务与经营[M]. 北京:中国金融出版社,2015.
[3] 赵辉燕. 企业财务状况的判断与分析研究[J]. 商,2015,(46).
[4] 马军丽. 企业业绩评价中非财务指标的重要性[J]. 合作经济与科技,2017,(8).
[5] 戴国强. 商业银行经营学[M]. 北京:高等教育出版社,2011.

郑重声明

高等教育出版社依法对本书享有专有出版权。任何未经许可的复制、销售行为均违反《中华人民共和国著作权法》，其行为人将承担相应的民事责任和行政责任；构成犯罪的，将被依法追究刑事责任。为了维护市场秩序，保护读者的合法权益，避免读者误用盗版书造成不良后果，我社将配合行政执法部门和司法机关对违法犯罪的单位和个人进行严厉打击。社会各界人士如发现上述侵权行为，希望及时举报，本社将奖励举报有功人员。

反盗版举报电话　(010)58581999　58582371　58582488

反盗版举报传真　(010)82086060

反盗版举报邮箱　dd@ hep.com.cn

通信地址　北京市西城区德外大街4号

　　　　　高等教育出版社法律事务与版权管理部

邮政编码　100120